D1633375

Étiquette et règles de

Golf pour tous

Étiquette et règles de
Golf pour tous

PIERRE ALLARD

Broquet

97-B, Montée des bouleaux, Saint-Constant, Qc, J5A 1A9
Tél. : (450) 638-3338 / Fax : (450) 638-4338
Internet : http://www.broquet.qc.ca
Courriel : info@broquet.qc.ca

Données de catalogage avant publication (Canada)

Allard, Pierre, 1952-
    Étiquette et règles de golf pour tous

    (Golf en tête)
    Comprend des réf : bibliogr.

ISBN 2-89000-563-1

1. Golf - Règles. 2. Savoir-vivre.
3. Golfeurs - Morale pratique. I. Titre. II. Collection

GV971.A46 2002   796.352'02'022   C2002-940643-9

Pour l'aide à la réalisation de son programme éditorial, l'éditeur remercie :
Le Gouvernement du Canada par l'entremise du Programme d'Aide au
Développement de l'Industrie de l'Édition (PADIÉ) ;
La Société de Développement des Entreprises Culturelles (SODEC) ;
L'Association pour l'Exportation du Livre Canadien (AELC).
Le Gouvernement du Québec - Programme de crédit d'impôt pour l'édition de
livres - Gestion SODEC.

Infographie et illustrations : Josée Fortin
Révision : Andrée Lavoie

Copyright © Ottawa 2002
Broquet inc.
Dépôt légal — Bibliothèque nationale du Québec
2e trimestre 2002
Imprimé au Canada

ISBN 2-89000-563-1

TABLE DES MATIÈRES

PRÉSENTATION DE L'AUTEUR

Pierre a fait la connaissance du golf il y a quarante ans. Mais les premières années ne sont pas faciles. D'un côté, un jeune ambitieux, même pas pubère, orgueilleux et colérique. De l'autre, un jeu mature qui a traversé le temps, philosophe, sage, serein et un brin taquin. Forcément la relation connaît des hauts et des bas. Quelques séparations épisodiques sont suivies de retrouvailles attendues.

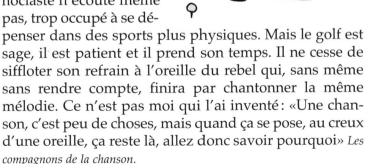

Pendant trop longtemps le compétiteur ne laisse pas de place au golfeur. Le golf tente bien d'enseigner à l'adolescent certaines leçons de vie, mais en vain. L'iconoclaste n'écoute même pas, trop occupé à se dépenser dans des sports plus physiques. Mais le golf est sage, il est patient et il prend son temps. Il ne cesse de siffloter son refrain à l'oreille du rebel qui, sans même sans rendre compte, finira par chantonner la même mélodie. Ce n'est pas moi qui l'ai inventé : «Une chanson, c'est peu de choses, mais quand ça se pose, au creux d'une oreille, ça reste là, allez donc savoir pourquoi» *Les compagnons de la chanson.*

Inlassablement, comme la vague sur le rocher, le temps fait son oeuvre. Le jeune adulte, bien qu'encore aveuglé par le spectre de la victoire, commence à y voir un peu plus clair. Timidement, il commence à vouloir se

9

dépasser, plutôt que d'espérer dépasser les autres à tout prix. N'y a-t-il pas plus sourd que celui qui ne veut pas entendre ?

Le golf étant le sport de toute une vie, notre grand adolescent, en autant qu'il vive encore 50 ans, atteindra peut-être un jour la félicité. En tout cas, il y travaille sérieusement. L'été, il joue cinq ou six fois par semaine depuis quelques années. On a beau ne pas avoir un talent naturel, l'acharnement peut nous faire connaître certains succès. Les barrières psychologiques ont été longues à briser, d'abord le 100, puis le 90, puis, plus récemment, le 80.

Diplômé en droit, il exerce la profession de notaire pendant plus de 20 ans (sans jamais en faire sa profession de foi), puis devient médiateur lors des dernières années. Père de trois jeunes adultes, il a de nombreux projets en tête et dorénavant, sa passion occupera toute la place. Ayant observé que les règles et l'étiquette sont méconnues, il se dit qu'un ouvrage de vulgarisation, facile à lire et rempli d'humour, serait le bienvenu. «*Étiquette et règles de golf pour tous*» est son premier d'une série d'essais sur le golf. Les deux prochains verront respectivement le jour à l'automne des années 2002 et 2003.

Note de l'éditeur : « **Green** » ou « **vert** » ? « **Club** » ou « **bâton** » ? Pour les besoins de cet ouvrage, nous avons retenu les mots « green » et « club » couramment utilisés et acceptés en langue française bien que les mots « vert » et « bâton » le sont au Québec.

Mot de l'auteur

Salutation amis golfeurs !

L'écriture de mon premier livre fut une aventure passionnante, un espèce de voyage autour du monde.

J'ai commencé mon périple par une croisière dans les eaux chaudes de «l'Étiquette». La courtoisie et le savoir-vivre se sont évidemment montrés des hôtes parfaits. Leur chaleur, leur sourire et leur accueil sont proverbiaux. Mes escales dans les différents ports de l'éthique restent des moments inoubliables

Puis vint la mer déchaînée des «règles officielles». Ce fût une traversée mouvementée. Les vagues rugissantes de la tradition, des décisions et du gros bon sens ont fortement secoué mon voilier soudainement devenu trop frêle.

Naviguer dans la rédaction d'un ouvrage de vulgarisation, sur un sujet aussi technique que les règles du golf, représente un défi de taille. Plusieurs avant moi ont tenté l'expérience. Autres pays, autres langues, mais toujours le même problème. Comment simplifier ce qui est complexe. Les règles sont faites de définitions, d'exceptions et de nuances à faire selon l'emplacement de la balle sur le terrain. Comment les résumer en restant fidèle à l'original ? Les publications des organismes officiels sont arides, aussi intéressantes à lire qu'un rapport d'impôt. Les autres, non officielles, sont hors de prix, en style télégraphique ou plus compliquées que l'original.

Je n'ai pas connu l'angoisse de la page blanche, ce serait plutôt le contraire. Ce projet a nécessité beaucoup de recherches. Cet un exercice s'est soldé par une montagne d'informations à classer, à colliger, à trier, à vérifier et à traduire. C'est le genre de gymnastique qui m'a parfois donné l'impression de gravir à contresens un escalier mobile.

En effet, il n'y a pas véritablement de place pour l'interprétation. Les «gardiens» du sport s'en chargent en publiant annuellement un recueil de décisions. Je pense que c'est plus une question de discernement et d'analyse et il a fallu faire des choix.

En 40 ans, je n'ai pas été confronté à la moitié des règles officielles. Je me suis dit que je n'étais peut-être pas le seul…

AVERTISSEMENTS D'USAGE

DANGER

Ce livre est sans danger pour les enfants.

Même s'ils ne risquent pas d'indigestion en le dévorant des yeux, nous déclinons toute responsabilité s'ils devenaient accro de ce sport.

PRIÈRES

ACTE D'ESPÉRANCE

Mon Dieu, j'espère avoir attribué à chacun le mérite qui lui revient. Si jamais j'avais oublié de mentionner l'origine d'un emprunt littéraire, je vous implore d'accorder à l'auteur offensé vos grâces et le bonheur éternel.

LE CREDO

Je crois en la «Royal and Ancient Golf Club of St. Andrews», la mère toute puissante;
créatrice des règles officielles, qui font descendre les golfeurs aux enfers et rarement monter aux cieux;
et en la «United States Golf Association», sa fille unique, qui règne à sa droite;
lesquelles nous éclairent, nous dirigent et nous gouvernent sur la terre comme au ciel;

d'où elles viennent juger les vivants et les morts et les contrevenants de ce sport;

elles qui possèdent tous les droits sur les saintes règles du golf;

je crois aux saintes ARGC et FFQ, et en leur droit exclusif de publication et de distribution des règles dans leur pays respectif.

Amen.

LES GRÂCES

Je te rends grâce de tous tes bienfaits, Ô comité de lecture tout-puissant, qui vit et règne un peu partout dans la province de Québec, et qui a accepté de me lire dans ta divine miséricorde, pour que je repose en paix. Ainsi soit-il.

JE VOUS SALUE MARIE

Mesdames, vous connaissez le baratin habituel, pour justifier l'utilisation exclusive du genre masculin. Trop compliqué, trop lourd, trop long, trop ci et trop ça. Ça semble faire partie des contraintes auxquelles doit se soumettre un auteur. Désolé.

Je me console en pensant que les composantes les plus importantes de mon livre sont féminines: la balle, l'étiquette et les règles du golf.

J'espère de tout coeur que ce livre contribuera à augmenter votre intérêt pour ce sport. Votre présence est appréciée sur les terrains et l'essor du golf passe par vous.

13

MEA CULPA

Je plaide coupable votre honneur. Je suis loin d'être au-dessus de tout reproche.

Je ne m'exclus d'aucune façon des manquements décrits dans le chapitre sur l'étiquette. J'ai succombé plusieurs fois durant les quarante dernières années.

La plupart du temps par ignorance, parfois par colère, mais jamais par envie. Je continue à travailler sur cet aspect de mon jeu.

Par contre, à moins de convention contraire avec mes partenaires de jeu, que je sois transformé en crapaud si je ne respecte pas les règlements.

INTRODUCTION

Pour celui qui veut simplement s'amuser, le golf est un loisir car il n'exige pas de grandes qualités athlétiques. L'utilisation des voiturettes électriques rend le jeu accessible à des personnes de tout âge et de toutes conditions physiques. Comme on peut converser avec ses compagnons tout au long du parcours, cela en fait une activité sociale, voire même familiale, de plus en plus pratiquée en couple.

FORE !!! Le golf c'est aussi un sport pour celui qui a des ambitions. Il requiert alors une bonne condition physique, du talent, de la souplesse, de la résistance, une bonne technique, de la persévérance, de la concentration, du contrôle de soi et de la patience… Peut-être le saviez-vous déjà ?

Le golf est beaucoup plus qu'un sport ou un loisir. Toutes les métaphores ont été employées pour le décrire. Certains l'on comparé à un plaisir, à une maladie ou à une drogue. D'autres sont allés plus loin en le présentant comme un sacerdoce, le huitième péché capital, une gourmandise, un fruit défendu, une religion, une passion, une maîtresse. Les Écossais pour leur part y réfèrent comme étant « The Game ».

Dans le monde, soixante-dix millions de personnes en sont amoureux. Laissez-vous tenter...

ORIGINES DU GOLF

On se perd en conjectures sur les origines du golf. Les jeux qui consistent à taper une balle à l'aide d'un bâton ou d'une canne, existent depuis toujours. Une porte, un arbre ou un piquet servent de cible. Dans l'empire romain les enfants s'adonnaient à la «Paganica» dans les rues des villes. Le «Kolven» est pratiqué sur la glace des Pays-Bas et la «Cholve» en Flandre dès le 14e siècle.

Cependant, l'Écosse est reconnue comme le berceau du golf. Les écossais ont été les premiers à imaginer un trou dans lequel la balle doit terminer sa course. Le sport y devient tellement populaire, qu'en 1457, Jacques II d'Écosse interdit ce jeu sur ses terres. Sous prétexte que ses sujets y consacrent trop de temps, il décrète: «Si le golf nuit à la pratique de vos arts martiaux, lâchez le golf!». (Affirmation non vérifiée)

En 1744, les autorités civiles d'Édimbourg reconnaissent l'existence des «Gentlemen Golfers of Edinburgh». Dix ans plus tard, apparaissent les premières règles écrites suivies, en 1764, de la fondation du premier club, connu sous le nom de «The Honorable Company of Edinburgh Golfers».

Certains affirment, sourire en coin, que les lettres g-o-l-f signifient «gentlemen only, ladies forbidden». Même si cette raillerie de mauvais goût est largement répandue, elle ne résiste pas à l'analyse dans un sport qui prône la courtoisie et le respect des autres. Il faut plutôt regarder du côté de l'étymologie du mot pour en comprendre la véritable signification.

Les jeux du Kolven et de la Cholve ont été exportés dans d'autres pays, les exposant ainsi à de nouvelles langues et cultures. Les habitants se les approprient en les associant à des mots familiers qu'ils vont prononcer avec l'accent local. C'est ainsi qu'en Écosse, on utilise le mot «Gowf», qui veut dire frapper. En Hollande, «Kolf» est le club qui sert à frapper un objet, alors qu'en Suède, «Kolf» désigne le gros bout du bâton. Finalement, l'Islande joue au «Kulb», qui est le mot utilisé pour désigner un carquois.

Cela aboutira finalement au mot anglo-saxon «golf».

N'oublions surtout pas que Mary reine d'Écosse pratiquait son sport favori dès 1567. Elle a été la première à utiliser les services d'un cadet pour porter ses clubs et elle a préféré jouer au golf plutôt que de porter le deuil de son mari décédé depuis peu. Faudrait-il parler des « veuves au golf » plutôt que « des veuves du golf » ?…

D'autres faits au féminin : en l'an 1811, on assiste au premier tournoi pour dames à Musselburgh. L'année 1867 verra naître le premier comité féminin à St-Andrews, lequel sera suivi de nombreux championnats amateurs annuels.

L'ÉTIQUETTE

Hors terrain

Introduction

D ans une salle de spectacles, à table, dans le transport en commun bref partout, la vie en société dicte l'adoption de certains comportements. Je parle d'une conduite imposée par le gros bon sens. Ces règles existent afin que tout le monde puisse tirer le plus grand plaisir d'une activité.

Sous le mot étiquette, le dictionnaire réfère à des termes tels que bienséance, savoir-vivre, politesse. Leurs antonymes ? Insolence, sans-gêne, impolitesse. Révélateur n'est-ce pas ? L'étiquette a donc quelque chose à voir avec les bonnes manières.

Qui enverrait son chien faire ses besoins chez le voisin ? Qui oserait vider son cendrier d'auto dans la rue ? Cela va sans dire. Pas besoin d'écriteau pour l'interdire, ça ne se fait pas !

Au golf, on pourrait définir l'étiquette comme étant l'ensemble des standards ou des normes qui régissent le comportement et le langage du joueur. Ces règles tracent une ligne de conduite destinée à rendre le jeu agréable pour soi, nos partenaires et les autres joueurs. En effet, elles assurent la sécurité des participants, favorisent une durée de jeu raisonnable et incitent les joueurs à adopter le code d'honneur propre à ce sport.

Le comportement que les golfeurs adoptent sur un parcours est un des éléments qui distingue le golf des autres sports. Le golfeur doit, comme les « Gentlemen Golfers of Edinburgh » d'antan, montrer de la générosité dans ses actes et de la distinction dans ses manières. Le vrai golfeur agit avec délicatesse et respect envers les autres, à l'endroit du terrain et vis-à-vis le sport lui-même.

Dans le livre des règles du golf, l'étiquette est traitée avant même les règlements officiels. Pourtant, une infraction à l'étiquette n'entraîne aucune pénalité. Cet écart peut cependant justifier un avertissement par le personnel du club et même, l'expulsion du contrevenant.

L'amour du jeu, la compréhension des traditions et la considération pour les autres joueurs sont partie intégrante de l'étiquette. Il ne suffit pas de bien la connaître, il faut l'appliquer, l'enseigner et s'en faire le défenseur.

RÉSERVATIONS

Imaginons que vous souhaitiez faire plaisir à quelqu'un. Après vous êtes assuré d'avoir les meilleurs billets disponibles, vous l'invitez au dernier opéra rock de Plamondon. Vous n'auriez jamais osé vous présenter le soir de la première SANS BILLETS, n'est-ce pas? C'est la même chose pour le golf.

Le golf est un sport de plus en plus populaire. La réservation vous garantit un droit d'accès au parcours tel jour, à telle heure précise. Il n'y a pas de tournoi, de trous en réparation, de terrain détrempé ou de greens aérés pour gâcher votre visite, on vous l'a confirmé, la voie est libre.

Les politiques d'assignation des temps de départ varient d'un terrain à l'autre. Il est préférable de téléphoner à l'avance, parfois même jusqu'à sept (7) jours. Comme les joueurs évoluent habituellement en groupe de quatre, si vous êtes seul, vous vous joindrez à d'autres personnes. Soyez ponctuel, vous pourriez vous voir refuser l'accès au parcours en cas de retard. En passant, si vous avez un contretemps, décommandez-vous, votre absence profitera à un autre golfeur. «Élémentaire mon cher Watson!»

Le golfeur avisé arrive sur place une heure avant son temps de départ. Ainsi, pas d'embêtements imprévus. Ni l'urgence de dernière minute au bureau, ni les travaux sur la route, ni la file d'attente dans la boutique du pro ne réussiront à lui faire perdre le sourire. Il aura même le temps de faire ses exercices d'étirement, ses élans d'entraînement (au champ d'exercices), ses coups roulés, etc…

Curieusement c'est le golfeur de dernière minute qui a besoin de louer une voiturette, passer au petit coin, prendre une bouchée et quoi encore ? Ce qui devait être un plaisir et une détente est en train de devenir une course contre la montre. Faites d'une pierre deux coups, ménagez votre coeur et assurez-vous d'un meilleur début de ronde.

TENUE VESTIMENTAIRE

Selon les plus grands couturiers, voici ce qui sera *in* cette année,

À la plage, nous recommandons le costume de bain seyant qui laisse voir le nombril et le poil sous les aisselles. La tenue *YO* sera de mise pour le «skate board», fond de culotte à la hauteur du genou, casquette à l'envers et cheveux de couleurs assorties. Pour la soirée *Rave* nous recommandons une tenue minimaliste. Peu c'est mieux, moins c'est bien !

Des images de la fin du 19e siècle nous montrent des golfeurs en action. Les dames sont en robes longues et les hommes en veste et cravate. Heureusement, la mode a changé. De nos jours, les vêtements sont élégants et confortables en toutes circonstances. Ils facilitent l'amplitude de l'élan et épousent les différentes flexions du corps. Bien habillé on se sent bien et on risque de mieux jouer.

La tenue vestimentaire du golfeur est assujettie au code suivant :

Pour ces messieurs : la chemise ou le polo sont de mise. Ils sont rentrés en tout temps dans le pantalon et ils ont un collet et des manches. Seuls le pantalon long et le bermuda près du genou sont permis. Les chaussettes se portent de préférence au-dessus de la cheville. Le jean de toute couleur, le gilet avec décalque et les espadrilles sont défendus. La casquette à palette arrière, est prohibée en tous lieux.

Pour ces dames : le pantalon, la jupe ou le bermuda sont permis à la condition de ne pas avoir plus que trois (3) pouces en haut du genou. Seuls les polos sans manches avec collet ou sans collet avec manches sont autorisés. Les chaussettes, casquettes, jeans et espadrilles obéissent aux mêmes règles que celles des hommes.

Ne présumez jamais que ce qui est toléré à un endroit le sera à un autre.

La plupart des clubs interdisent le port des souliers à crampons de métal. Rassurez-vous, il est souvent possible d'installer des crampons mous à vos souliers actuels. En pareil cas, des préposés s'en chargeront. Ne soyez pas surpris, les meilleurs crampons peuvent être coûteux.

▌ Comme les inconditionnels affirment qu'il ne pleut jamais sur un terrain de golf. Nous vous recommandons l'utilisation d'un écran solaire à protection maximale. En plus du chapeau ou de la casquette, portez de bonnes lunettes solaires, elles protégeront vos yeux dans toutes les conditions climatiques. Ah ! j'oubliais, apportez quand même un parapluie.

Rappelez-vous, dans la tradition du golf, la tenue vestimentaire est une question de convenances et de respect.

AIRE D'ENTRAÎNEMENT

L e champ d'entraînement est le bon endroit pour commencer à respecter l'étiquette. J'y suis depuis dix minutes et je commence à peine à faire de bons élans, quand tout à coup ...

> « *Tiens tiens Fred, tu sens le besoin de pratiquer ? Pourtant avec tes nouveaux clubs tu ne devrais pas t'inquiéter.* »

Touchantes retrouvailles.

> « *À propos, je t'avais arraché combien la dernière fois ?* »

Non, mais vont-ils finir par se la fermer ! Je vous épargne les détails, ça n'intéresse personne. Par contre, ça dérange tout le monde.

🚩 La pratique d'avant match fait partie du rituel du vrai golfeur. Il en profite pour mettre au point son élan, terminer sa préparation dans le calme ou pour se détendre un peu en laissant derrière lui les tracas quotidiens.

🚩 Installez-vous dans les espaces prévus à cette fin. Les préposés déplacent les jalons chaque jour de manière à vous fournir les meilleures conditions possibles.

🚩 Ne franchissez jamais la limite avant de l'aire d'entraînement. Même si la chasse aux canards n'est pas ouverte, le danger est évident et imminent. Pour la même raison, n'allez pas chercher les mottes et les tees qui ont été projetés au-delà de cette ligne, considérez-les *hors limite*. Afin de ne pas déranger les autres, éloignez-vous de la ligne arrière lors de vos déplacements, c'est plus prudent.

▮ Assurez-vous de viser un objectif situé au centre du terrain. Cela facilite la récupération de certaines balles plus aventureuses.

▮ Les balles sont et demeurent la propriété du club. Elles ne doivent pas se retrouver dans votre sac, même par mégarde… Veuillez ramener votre panier vide près du distributeur de balles.

▮ Dans tous les cas, n'importunez pas les autres et gardez-le…

> *« L'as-tu vu celle-là, je l'ai placée en orbite !!! »*

Ouais, je pense que je vais aller pratiquer mes coups roulés.

LE GREEN D'ENTRAÎNEMENT

Le green d'entraînement se veut le représentant de ses dix-huit collègues là-bas sur le parcours. Comme il est aussi bien entretenu qu'eux, vous y obtiendrez de précieuses informations sur l'aspect le plus important de la partie, les coups roulés. Il est donc très fréquenté.

Faites le nécessaire pour protéger sa condition et faciliter son entretien. Contournez-le au lieu de le traverser pour aller au stationnement, à la boutique ou au casse-croûte.

▮ Pour accommoder tout le monde, plusieurs trous sont aménagés sur ce green. Aux heures de grande affluence, n'accaparez pas un trou qui pourrait commodément servir pour plusieurs. S'il vous plaît, n'ajoutez pas à la congestion en pratiquant de longs roulés, rapprochez-vous d'un trou. Si tous les trous sont occupés, utilisez un espace en retrait et prenez pour cible un tee ou une balle. Vous n'aurez même pas à vous pencher pour cueillir vos balles.

De toute façon, cinq minutes suffisent à juger la vitesse du green, laissez la place aux autres.

« *Aie as-tu vu, je l'ai envoyée dans le trou ?* »
Seigneur, la partie n'est même pas commencée.

LES TÉLÉPHONES PORTABLES

É coutez, on pourrait en discuter longuement, mais je ne le ferai pas. Vous avez très peu de choix avec les portables, seul le silence est d'or.

Votre téléphone portable reste au bureau ;
Vous restez au bureau ;
Votre téléphone portable reste à la maison ;
Vous restez à la maison.

SUIS-JE PRÊT ?

Hier soir à la maison je me suis assuré d'avoir :

- balles en quantité suffisante et identifiées;
- tees en quantité suffisante ;
- souliers à crampons mous ;
- gant;
- *picvert* (outil pour réparer mes marques) ;
- vêtement chaud en réserve ;
- parapluie ;
- casquette ;
- écran solaire ;
- bouteille d'eau ;
- serviette ;
- clubs.

Aujourd'hui je vérifie si j'ai besoin de :

- enveloppe imperméable pour couvrir mes clubs (pluie);
- protection contre les moustiques;
- lunettes solaires;
- diachylon, coupe-ongle ou ciseau;
- ruban adhésif;
- comprimés pour maux de tête;
- médication;
- papiers mouchoirs;
- serviettes hygiéniques.

Sur le terrain

Le premier départ

A près avoir obtenu le signal du préposé au départ, vous vous dirigez vers le premier tertre. C'est toujours un moment excitant. Vous avez hâte de commencer et vous êtes dangereusement en forme. Si le groupe qui vous précède est encore là, **attention**, gardez vos distances et gardez le silence. Eux aussi souhaitent commencer sur une bonne note, c'est meilleur pour la confiance et pour les relations entre vos deux groupes.

❚ Présentez-vous aux membres de votre groupe. Une bonne poignée de mains facilite les choses. Vérifiez s'ils jouent à partir des mêmes jalons que vous. Profitez-en pour leur proposer les règles du «golf *illico*» que nous vous soumettrons un peu plus loin.

❚ Même si les paris sont fréquents sur un parcours de golf, ne pariez jamais avec des inconnus. Personnellement nous croyons que les gageures favorisent l'adoption de comportements tout à fait contraires à l'esprit du sport. En raison des taquineries, de la guerre psychologique et de l'enjeu, cela aura pour effet de ralentir le jeu et de donner libre cours à l'expression de certains états d'âme que nous aborderons plus loin. Je sais, je sais, dans votre groupe ce n'est pas comme cela…

29

❚ Plusieurs déterminent au hasard l'ordre de départ. De grâce ne lancez pas un tee sept fois pour déterminer qui jouera 3e ou 4e. Un seul lancer suffit. Il désigne le premier à frapper, le joueur à sa gauche est deuxième et ainsi de suite.

Souhaitons-nous bonne partie!

LES AIRES DE DÉPART

Sur le terrain, la personne la plus importante au monde est le golfeur qui se prépare à frapper. Pour réussir ce coup de départ au milieu de l'allée et à bonne distance, il a besoin de toute sa concentration. C'est votre devoir de ne pas le déranger. Aucun mouvement, aucun bruit. Évitez d'être une source de distraction, devenez invisible.

Certains n'aiment pas que l'on se tienne derrière eux, car ils se sentent épiés. Ne demandez pas si votre présence gêne, c'est déjà une source de distraction inutile en soi. Placez-vous en dehors du champ de vision du joueur. Selon les circonstances, cela sera en face ou derrière lui ou à l'arrière du tertre, pourvu que vous soyez invisible, silencieux et en sécurité.

Pour chacun de vos partenaires, surveillez la trajectoire de la balle jusqu'à ce qu'elle ait terminé sa course. Identifiez un point de repère, cela facilite les recherches et accélère le jeu. Bien sûr, ils en feront autant pour vous.

Attention à vos commentaires. Le joueur a vu, comme vous, ce long crochet qui amène sa balle dans le bois, ce n'est pas nécessaire de le lui rappeler. S'il vous plaît, attendez que la balle se soit immobilisée avant de commenter.

« Belle drive Jean » !
« Merci ! Mais elle a roulé dans la fosse »…

▌ Aussi curieux que cela puisse paraître, les tees laissés au sol peuvent endommager la lame de la tondeuse à gazon. Ramassez toujours votre tee, s'il est cassé, déposez-le dans le petit contenant prévu à cet effet ou dans la poubelle. Les scientifiques sont unanimes. Faire pénétrer son tee dans le sol, au moyen de multiples mouvements ascendants-descendants du bois n°1, n'apporte pas un soulagement proportionnel à l'énergie dépensée.

▌ Au départ des normales 3, vous trouverez un récipient qui contient un mélange de terre enrichi (c'est une recette secrète). S'il vous plaît, remplissez le cratère laissé par votre motte de gazon. Si la galette est de la grandeur du green, replacez-la. Merci !

▌ S'il arrivait qu'un tertre de départ soit interdit d'accès, respecter la consigne. Les préposés à l'entretien y travaillent pour l'améliorer. Il peut s'agir de nouvelle semence, de tourbe encore fragile, d'une surface détrempée, bref ils ont de bonnes raisons pour le fermer. Le fait d'ignorer ces directives peut laisser au sol des séquelles pour le reste de l'année.

JEU

Quand un partenaire de jeu exécute son coup de départ, que devez-vous faire ?

a) En profiter pour prendre des croustilles dans un sac en plastique.

b) Murmurer aux autres que sa position favorise un crochet à droite.

c) Nettoyer vigoureusement votre balle dans le lave-balles.

d) Demeurer silencieux, immobile et invisible et surveiller la trajectoire de sa balle.

Le respect engendre le respect et attire de nouveaux partenaires de jeu.

SUR LE PARCOURS

L'étiquette sur le parcours est finalement assez semblable à ce qu'il faut faire sur le tertre de départ. Les questions de sécurité et de respect priment encore. Soyez silencieux, immobile et invisible.

L'allée étant beaucoup plus vaste que l'aire de départ, les joueurs y sont davantage dispersés. Chacun doit s'assurer de ne pas devancer un partenaire qui n'a pas encore exécuté son coup. Normalement celui qui est le plus loin du trou a la priorité. Un contact visuel suffira à déterminer celui qui s'exécutera le premier.

Question de sécurité, prenez l'habitude de localiser les joueurs sur les trous adjacents au vôtre, autant au moment de frapper qu'au moment de leur frappe.

LES MOTTES DE GAZON

Si votre technique est bonne, vous verrez un objet volant non identifié quitter le sol immédiatement après le contact avec la balle. Il serait cependant plus juste de dire que le sol en volant forme un objet que vous devrez identifier et replacer avant de quitter l'endroit où vous avez fait contact avec la balle.

Ce que Dieu a uni, que l'homme ne le sépare pas. Vous devez donc remettre le terrain dans l'état où il était avant votre passage, en replaçant la motte dans son lieu d'origine. Déposez-la dans la même position qu'avant et appliquez-lui une légère pression avec le pied afin de favoriser la reprise des racines (cela la réconfortera). Ce faisant, vous décuplez les chances de guérison du gazon et, dans quelques semaines, plus rien n'y paraîtra. Vous contribuez ainsi à l'entretien du parcours qui restera, pour votre plus grand bonheur, en bien meilleur état.

▮ En bon samaritain, vous vous ferez un devoir de réparer les traces laissées par un golfeur moins expérimenté. Merci, nous vous en sommes reconnaissants.

▮ Est-il possible qu'une motte soit plus facile à replacer après un bon coup? Quoi qu'il en soit, il est inacceptable de voir trois cavités non réparées une à côté de l'autre, signature laissée par un golfeur frustré, qui refait la même bêtise à trois reprises.

JEU

Que devez-vous faire après que votre coup ait déplacé une motte?

a) Placer la motte dans la bouche de votre partenaire qui ne cesse de parler.

b) Simuler une blessure à la main afin de détourner l'attention.

c) Rigoler en imaginant votre avocat chauve avec cette moumoute sur le crâne.

d) Replacer la motte à sa place et dans le bon sens, puis lui appliquer une pression avec le pied.

DANS LES FOSSES DE SABLE

Affectueusement appelées plage ou boîte à chat, les fosses de sable sont définitivement plus fragiles qu'il n'y paraît. Il faut donc leur apporter une attention particulière. La lèvre (babine) et le contour d'une fosse peuvent être endommagés facilement. Râteau en main, faites-vous léger et entrez-y par l'endroit qui est au niveau du terrain adjacent. Ce sera habituellement le côté le plus bas. Même si cela vous éloigne de la balle, évitez de fouler les parois abruptes de la fosse qui sont plus difficiles à entretenir. Un conseil, repérez l'endroit par lequel les préposés à l'entretien circulent avec la machinerie, ça ne trompe jamais.

Avant de quitter une fosse de sable, le golfeur doit remettre les lieux en état, c'est-à-dire effacer toutes traces de son passage. Avec le râteau, alternez le mouvement « tiré poussé » pour de meilleurs résultats. Évitez de projeter du sable hors de la fosse et retenez qu'il est normal que les dents du râteau laissent quelques sillons.

Si vous sortez de la fosse en empruntant le même chemin, vous réduirez votre travail au minimum.

❚ Laissez le râteau à l'extérieur de la fosse avec le manche parallèle à l'allée. De cette façon, il risque moins d'affecter le jeu des prochains golfeurs.

❚ Malheureusement, l'absence de râteau ne vous dégage pas de l'obligation d'effacer les traces de votre passage. Vous devez toujours niveler le sable en effaçant les trous et empreintes. Faites de votre mieux.

❚ Après une sortie qui ne vous satisfait pas, évitez grand Dieu de prendre, par frustration, 3 ou 4 élans dans le sable. D'abord, vous en aurez partout, même entre les dents, ensuite vous serez le premier à vous plaindre de la présence de sable sur le green et de l'insuffisance de sable dans les fosses…

❚ Pendant que votre partenaire est dans la fosse, vous êtes évidemment sur le green… Si vous pouvez examiner votre roulé tout en restant invisible pour votre copain jardinier, faites-le. Mais rappelez-vous toujours les règles élémentaires de sécurité. Vous êtes sur le green et c'est là que la balle atterrira peut-être… ne la perdez pas de vue.

♣ Sur le green

ATTENTION, DANGER, FRAGILE pourrait-on lire sur une immense affiche lumineuse derrière chaque green. Approchons-nous lentement sur la pointe des pieds, en retenant notre souffle, comme pour ne pas réveiller un bébé qui dort. C'est hors de tout doute la partie la plus vulnérable de tout le parcours.

Vous le savez déjà, c'est également l'aspect le plus important de votre jeu car, par rapport à la normale du parcours, la moitié de tous les coups sont des roulés.

Fragile et important, le green mérite une attention toute particulière. C'est pourquoi tant de règles d'étiquette y sont consacrées.

LES CRAMPONS

Pour un roulement uniforme de la balle, le gazon y est coupé très court. Les crampons sous vos souliers constituent une menace pour le green. Encore une fois, faites-vous léger. Ce n'est pas l'endroit pour les grandes démonstrations. S'il vous plaît, du calme et de la retenue. Le simple fait de marcher sur ce tapis naturel suffit pour y laisser des empreintes. Imaginez un pivot du pied dans un moment d'enthousiasme effréné. Quel gâchis ! Vous laisserez à coup sûr un sillon de gazon déchiré.

🚩 Attention, généralement les crampons en métal sont interdits de séjour.

MARQUEZ VOTRE BALLE

Marquez votre balle, c'est la première chose à faire en arrivant sur le green. Est-elle ou n'est-elle pas une source de distraction pour vos partenaires ? Peu importe. Marquez votre balle ! Cela coupe court à toute supputation inutile et vous donne l'occasion de la nettoyer.

L'opération de marquer une balle consiste à poser un repère au sol afin de s'assurer de la replacer exactement au même endroit. N'importe quelle pièce de monnaie fera l'affaire. Il suffit de la déposer au sol derrière sa balle, c'est-à-dire du côté opposé au trou. Vous pourriez utiliser d'autres objets pour cette opération. Certains le font avec un tee ou avec un *picvert*. Une pièce de menue monnaie a l'immense avantage d'être mince, plate et de rester immobile. Si par malheur la balle d'un autre joueur venait à passer par là, sa trajectoire serait moins affectée par une pièce de monnaie que si vous aviez utilisé votre sandwich comme repère.

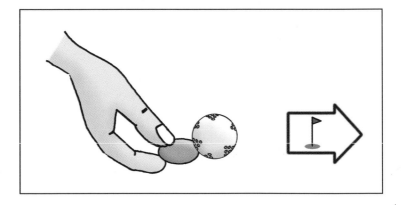 Pourquoi derrière plutôt que devant? Vous ne voulez ni marcher devant la balle, ni avoir à peser fortement sur un repère récalcitrant car, vous pourriez altérer le sol dans la ligne du roulé. En restant derrière cela ne risque pas d'arriver. Placez votre repère dans le prolongement d'une ligne imaginaire tracée entre la balle et le trou. Le marquage latéral est à prohiber, car trop approximatif.

C'est la meilleure façon de marquer sa balle. Vous n'êtes pas de ceux qui enlèvent d'abord leur balle pour ensuite déposer le repère en dessous n'est-ce pas?

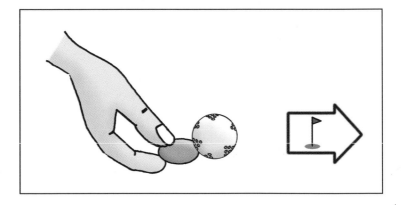

LES MARQUES LAISSÉES PAR LES BALLES

Cratère : nom masculin signifiant une vaste dépression circulaire creusée par l'impact d'une météorite.

Météorite : objet présent dans l'espace interplanétaire qui percute le sol d'une planète.

Vous admettrez avec moi que l'on ne peut trouver plus belle description de votre coup de fer 9. C'est à croire que monsieur le dictionnaire vous connaît personnellement.

Toute balle qui heurte le green dans sa course descendante va laisser son empreinte. Cette marque sera plus ou moins profonde selon la vitesse de la balle, sa trajectoire, la fermeté et l'humidité du sol.

⚑ Selon le site Internet de l'Association des surintendants de golf du Québec (ASGQ), **www.asgq.org** «Les marques de balle non réparées prennent de deux à trois semaines pour une guérison complète. Les marques de balle réparées correctement prennent seulement de 24 à 48 heures pour être totalement guéries. Débutant ou professionnel, c'est votre responsabilité comme golfeur de réparer votre marque de balle. Si vous êtes golfeur jusque dans l'âme, vous réparerez toutes les marques qui tombent sous votre «fourchette» pendant que vos collègues frappent leur coup. Il est très facile de bien réparer une marque de balle mais quelques consignes sont à respecter».

⚑ Vous devez absolument vous procurer un *picvert*. En vente partout, cette petite fourchette est plus facile d'utilisation et plus efficace qu'un tee.

Comment s'en servir ? Tout est dans la manière. Toujours selon l'A.S.G.Q., «Utilisez une «fourchette» spécialement conçue pour réparer les marques de balles. Insérez-la aux abords de la marque, et non au centre de la dépression. Ramenez les abords ensemble avec de délicats mouvements de rotation. Ne relevez surtout pas le centre. Aplanissez la surface avec votre club ou votre pied. Vous avez terminé lorsque vous «putteriez» sur cette réparation».

En conséquence, cherchez et trouvez la marque laissée par votre balle et réparez-la. Ensuite, avec votre oeil perçant d'aigle chauve, cherchez et trouvez trois autres marques laissées par… par… on ne sait trop qui et réparez-les. Relevez-vous et imaginez la foule vous acclamant tel un Tiger qui vient de caler son aigle pour gagner le championnat. Vous verrez ça fait du bien.

LA LIGNE DU ROULÉ

La ligne du roulé est la ligne imaginaire qui relie votre balle avec le trou. Il est important de comprendre que cette ligne est plus large que la balle et qu'elle se prolonge au-delà du trou (mais seulement pour les fins de

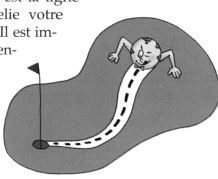

l'étiquette). C'est le trajet que devrait emprunter la balle lors du roulé. Cela signifie également qu'il ne s'agit pas nécessairement d'une ligne droite. Si le green n'est pas parfaitement plat, la balle devra emprunter une ligne courbe pour espérer trouver le fond de la coupe.

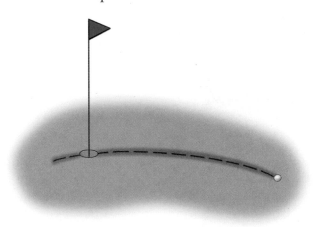

Les coups roulés ne sont pas aussi facile qu'ils paraissent. La cible est petite, la marge de manoeuvre est mince. Rien, absolument rien ne doit faire dévier votre roulé de sa course. Un court roulé bousillé ajoute 1 coup à notre carte de pointage au même titre qu'un puissant coup de départ.

C'est pourquoi les golfeurs sont si chatouilleux à propos de leur ligne de roulé. Un simple brin d'herbe relevé par un crampon est suffisant pour faire dévier une balle hors cible. À plus forte raison l'empreinte laissée par une armoire à glace. La dépression créée par le passage de ce *monsieur* devient problématique pour deux raisons. D'abord, il est presque certain que la balle changera de direction à l'entrée et à la sortie de la dépression, ce qui n'annonce rien de bon. Ensuite, il devient un peu plus délicat d'engueuler le coupable comme du poisson pourri…

Éviter de marcher dans la ligne des autres requiert beaucoup d'attention. Sur le green, vous avez à vous déplacer pour lire votre roulé, marquer votre balle, prendre charge du drapeau, réparer des marques de balles, etc. Il ne faut pas perdre de vue les repères de ses partenaires.

Au début vous aurez l'impression de marcher dans un champ miné (surtout lorsque l'on voit les cratères laissés par certains). Une façon simple d'y arriver est de contourner par l'arrière tous les repères. Si cela devenait impossible, vous devrez enjamber les lignes en question, vos partenaires vous en seront reconnaissants.

Si votre repère repose dans la ligne de roulé d'un compagnon, vous devrez le déplacer (le repère…). Soyez méthodique, car vous devrez le replacer au même endroit !

a) Demandez de quel côté votre repère sera le moins nuisible ;

b) placez le talon de votre fer droit près du repère ;

c) pointez la tête du fer droit dans la direction souhaitée en prenant un objet fixe pour cible ;

d) déposez votre repère au bout de la tête.

Pour ramener le repère au point de départ :

e) placez le bout de votre fer droit près du repère ;

f) alignez la tête du fer droit vers la cible prédéterminée ;

g) déposez votre repère au bout du talon.

Pendant toutes ces opérations, votre balle est dans votre poche. Ne la remettez en place que lorsque votre tour sera venu.

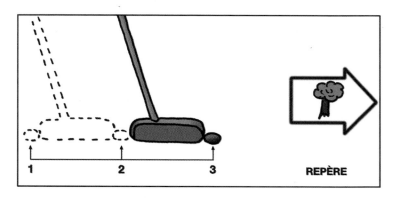

1   2   3   **REPÈRE**

J'APPRENDS À LIRE

À chacun sa paranoïa. Moi ce qui m'irrite, c'est le joueur qui vient s'installer dans le prolongement de ma ligne de roulé, pour surveiller la trajectoire de ma balle.

Défoulons-nous! L'étiquette est la même sur le green que partout ailleurs. Vous ne devez pas constituer une source de distraction pour celui qui exécute son coup. Rappelez-vous, vous devez être hors du champ de vision du joueur, invisible, immobile et muet. Le vrai golfeur contribuera à créer les meilleures conditions pour la réussite du roulé, c'est une simple question de courtoisie.

Observez ma trajectoire d'où vous êtes, même si ce n'est pas le meilleur point de vue. Bien sûr, vous pourriez vous déplacer après que j'aurai frappé la balle, mais le golfeur respectueux s'abstiendra de bondir derrière pour observer. Dans sa précipitation, il risquerait de briser le green et de distraire son partenaire par un faux départ.

LE DRAPEAU

Nous utiliserons le terme drapeau pour désigner l'ensemble composé de la hampe et du fanion.

Habituellement le joueur dont la balle est le plus près de la coupe se charge du drapeau. Pour l'enlever, faites-le tourner avant de le retirer lentement. Évitez de le frapper contre le rebord du trou. Ensuite, déposez-le délicatement sur le sol, à l'extérieur du green si vous êtes près de la frise. Pour des raisons évidentes, abstenez-vous de le laisser tomber par terre.

Certaines circonstances (distance, soleil, ombrages, dénivellation) rendent le trou difficile à apercevoir pour celui qui doit s'exécuter. Vérifiez s'il souhaite laisser le drapeau dans le trou jusqu'à ce qu'il frappe la balle. Dans l'affirmative, voici ce qu'il faut faire :

a) visualisez les repères de tous les autres joueurs;

b) sans marcher dans leur ligne de roulé ou vous y tenir, prenez place sur le côté du trou, à une distance de bras, les pieds éloignés de la coupe;

c) choisissez le côté où vous ne portez pas ombrage au trou ou à la ligne de roulé du joueur ;

d) sans bouger, tenez le drapeau d'une seule main après l'avoir agrippé par le fanion pour l'empêcher de battre au vent.

| **BONNE FAÇON** | **MAUVAISE FAÇON** |

Comme toujours, restez immobile et muet, car vous êtes carrément dans le champ de vision du joueur.

e) Dès qu'il a frappé la balle, retirez le drapeau comme décrit précédemment;

f) éloignez-vous avec la même attention pour les autres lignes de roulé;

g) déposez le drapeau délicatement.

Le premier joueur qui cale son roulé s'occupe du drapeau. Il le replace soigneusement dans la coupe après le dernier roulé, tout en évitant de marcher près de la coupe.

Après avoir envoyé la balle dans le trou

Retirez immédiatement votre balle, car certains golfeurs superstitieux croient que leur roulé ne pourra trouver la coupe s'il y a déjà une balle dans le trou. D'accord ou non avec ces superstitions, respectez-les, cela vous évitera d'être pointé du doigt pour tous les autres coups ratés de la ronde...

S'il vous plaît, ne retirez pas votre balle du trou avec votre fer droit, c'est le meilleur moyen d'endommager la coupe. Tenez-vous aussi loin que possible du trou et penchez-vous sans prendre appui sur votre fer droit.

D'autres interdits... eh oui!

- Ne faites rien qui pourrait endommager le green;
- pendant l'attente, ne vous appuyez pas sur votre fer droit;
- évitez de poser votre sac sur le green;
- pas de voiturettes près du green;
- ne courez pas;
- ne vous assoyez pas;
- n'y inscrivez pas votre pointage.

Sur quoi devriez-vous porter votre attention sur le green ?

a) Les excréments des bernaches.
b) La monnaie oubliée par les joueurs du groupe précédent.
c) Vos compagnons. Si vous ne les reconnaissez pas, vous êtes sur le mauvais green.
d) Leurs repères pour éviter de fouler une ligne de roulé.

LA SÉCURITÉ

Sans des règles élémentaires de sécurité, un parcours de golf pourrait devenir un endroit dangereux et malheureusement, les exemples d'accident ne manquent pas. Bien que le code vestimentaire n'interdise pas le port de l'armure, les « cuics cuics » provoqués par vos déplacements risquent de vous rendre impopulaire, sans compter qu'il fait chaud là-dedans…

Voici donc quelques règles qui devraient vous permettre de laisser votre carte **d'assurance maladie** dans l'auto.

• Ne prenez jamais d'élan d'exercice en direction de quelqu'un. Vous pourriez l'atteindre avec un caillou, de la terre, votre balle.

- Ne prenez jamais d'élan d'exercice près de quelqu'un. Votre club peut devenir une arme offensive et certains sont tellement rancuniers…
- Ne frappez jamais la balle quand les joueurs qui vous précèdent sont à votre portée.

« FORE »

Hélas! la perfection n'est pas de ce monde. Si quelqu'un risque d'être atteint par votre balle, vous devez crier « **FORE!!!** » de manière à aviser le golfeur d'un danger imminent. Vous devez crier assez **FORT** pour être entendu et assez tôt pour laisser à la pauvre victime le temps de se protéger.

Si vous perdez votre balle de vue (arbres, construction, soleil) et qu'il est possible qu'un golfeur se trouve dans la zone dangereuse, ne prenez aucun risque et criez deux fois plutôt qu'une. Une balle voyageant à 200 km/h peut se transformer en projectile mortel.

Quand une balle siffle au-dessus de votre tête et que celui qui l'a frappée vous sert de minces excuses, du genre:

« Je ne vous avais pas vu » ou « Je ne pensais jamais la frapper aussi loin » ou « C'est incroyable, le vent l'a tassée d'au moins… »

Cela met à l'épreuve même le caractère le plus doux.

Ce n'est pas compliqué, la seule chose à faire en pareil cas est de crier **F-O-R-E!!!** Et quand vous entendez **F-O-R-E!!!**, la seule chose à faire est de vous recroqueviller, la tête protégée entre vos deux mains. Ne cherchez pas à repérer le missile fou.

! Évidemment, le fait de bien connaître l'étiquette ne nous libère pas de la politesse élémentaire. Offrez des excuses sincères à la victime effarouchée, même

47

si vous ne l'avez pas atteinte. De grâce, faites-le sans rire, même si elle a exécuté un numéro digne d'un contortionniste du Cirque du Soleil.

En cas d'orage

Les conseils d'usage :
- n'attendez pas à la dernière minute pour vous mettre à l'abri ;
- fuyez les zones dégagées, les monticules, les arbres isolés, l'eau, le métal, les clôtures, les fils électriques, la machinerie d'entretien, les chariots, les voiturettes ;
- s'il y a des éclairs, les clubs et les parapluies tenus au-dessus de la tête augmentent le risque d'être frappé par la foudre ;
- les crampons de métal n'augmentent pas le risque d'une décharge électrique ;

- trouvez d'abord refuge au pavillon, dans les abris aménagés sur le terrain, dans un véhicule automobile, sinon dans une zone basse ou sablonneuse comme une fosse (si elle n'est pas inondée) ou dans les bois denses.

JEU

Que faire si vous frappez votre balle vers un autre joueur ?

a) Rester incolore, inodore et muet.
b) Prétendre que vous ne l'aviez pas reconnu (votre avocat).
c) Prendre un Mulligan.
d) Crier **fore** pour permettre au joueur de se protéger.

DES EXCÈS ? NON MERCI !

Répétez après moi. « Je reste calme, le golf c'est agréable ». Encore une fois ? « Je reste calme, le golf c'est agréable ».

J'aimerais bien que les grands spécialistes de l'être humain m'expliquent pourquoi le golfeur a tant à dire après l'exécution d'un coup. L'auteur d'un mauvais coup va, ipso facto, s'affubler de tous les noms. S'il est croyant, il va invoquer tous les saints du ciel et faire la liste des objets sacrés servant au culte. Après un bon roulé, notre heureux personnage ne manquera pas de le faire savoir à tout le voisinage.

C'est évident que le golf peut devenir frustrant et croyez-moi, je sais de quoi je parle ! Mais ça demeure un jeu, un loisir, une activité de détente, un plaisir. On peut être ambitieux, mordu, passionné ou fanatique, sans que notre comportement devienne excessif et incontrôlé.

Les manifestations de violence sont déjà trop fréquentes dans la vie de tous les jours. Il faut éviter à tout prix de les transporter sur un terrain de golf.

Vous endommagez le terrain (peut-être même votre club) quand vous frappez rageusement le sol avec votre fer 5. Vous abîmez la tête des autres clubs quand vous poussez avec vigueur un fer 9 dans le fond du sac. Mais le fin du fin, le nec plus ultra, c'est le lancer du club. Discipline en démonstration aux prochains jeux olympiques, elle requiert du participant une bonne dose d'étourderie et une perte totale de contrôle. L'ennui avec ce lancer, c'est que le projectile risque d'étourdir quelqu'un d'autre qui pourrait également perdre contrôle…

Ces débordements créent un malaise chez vos partenaires qui n'ont pas à subir ces bêtises.

Diantre! ne sommes-nous pas gens de culture? Ne sommes-nous pas les descendants des «Honorable Gentlemen Golfers of Edinburgh»?

❚ « Si vous faites de chaque coup une question de vie ou de mort, vous aurez plusieurs problèmes, dont celui d'être mort pas mal souvent ». *Dean Smith*

LES CONSEILS

N'oubliez jamais que c'est souvent le joueur avec le moins d'habileté qui est enclin à vous transmettre ses connaissances sur l'élan parfait.

Il nous est tous arrivé à un moment ou l'autre d'invoquer le ciel après un mauvais coup. « *Veux-tu bien me dire ce que je fais de travers* » ? Je sais que votre grandeur d'âme vous incite à ne pas laisser un être humain dans pareille détresse, mais retenez-vous! Ne donnez pas de conseils ou d'avis aux autres à moins qu'ils vous le demandent à genoux les bras en croix. Quant aux leçons, elles sont réservées exclusivement pour le champ d'exercices, de préférence avec le professionnel.

Si l'élan parfait existait, tous les professionnels auraient le même. Il faut tenir compte de votre morphologie, de votre habileté, du temps que vous avez à consacrer à l'entraînement, de votre but, etc. Un professionnel enseignant compétent pourra identifier vos erreurs et proposer une solution sur mesure.

▌ Dans la même veine, comment pouvez-vous conseiller à quelqu'un que vous connaissez depuis 45 minutes d'utiliser tel club plutôt que tel autre ? Contentez-vous de lui transmettre des informations factuelles. Le fait que vous avez l'habitude de prendre un fer 7 pour survoler ce lac sur la gauche n'est pas pertinent.

LE JEU LENT

L e jeu lent nuit sérieusement au plaisir de jouer au golf. Quand un groupe traîne de l'arrière, le parcours s'encombre, les départs sont retardés et les golfeurs deviennent impatients.

Le jeu lent est sans contredit l'aspect de l'étiquette le plus décrié. Étrangement, chacun affirme ne pas être lent. Qu'en est-il ?

Vous êtes lent s'il vous est impossible de jouer 18 trous :

- seul en moins de 3 h 15 ;
- à deux en moins de 3 h 45 ;
- à trois en moins de 4 heures ;
- à quatre en moins de 4 h 15.

Bien sûr, vous êtes là pour relaxer et vous détendre. Mais si vous avez absolument besoin de 5 h 30 pour compléter une ronde, il vaudrait mieux jouer sur une île déserte. Mon propos n'a pas pour but de vous faire courir, mais de vous faire réaliser les bienfaits d'une ronde de golf bien jouée. Sachez qu'un quatuor Écossais ne prend jamais plus de 3 h 30 pour jouer une ronde de golf à pied.

Au milieu d'une procession de tortues, facile de prétendre que vous suivez le trafic. Demandez-vous ce que vous faites concrètement pour accélérer le jeu. Un vieil adage veut que si chacun balaie le trottoir devant sa maison, tous les trottoirs de la ville seront propres.

EMBOÎTEZ LE PAS

Une des solutions avancées pour remédier au jeu lent est d'emboîter le pas avec les joueurs qui vous devancent. Au moment où ils quittent le green, vous devez être en attente et prêt à frapper dès qu'ils sont hors d'atteinte. Si pour une raison ou pour une autre vous observez un écart avec ce groupe, prenez l'initiative d'aviser vos partenaires que vous devrez rattraper rapidement le terrain perdu. Ne vous préoccupez pas du groupe qui suit, car il n'est pas suffisant de ne pas le retarder. Votre attention doit être concentrée sur le groupe qui précède.

⛳ Le patrouilleur est l'autorité en matière de jeu lent sur le terrain. Il est là pour votre plus grand bénéfice puisqu'il veille au bon déroulement de votre ronde. Sa tâche est difficile et délicate. C'est à tort qu'il est perçu comme un policier qui cherche à vous prendre en défaut. Tous les patrouilleurs que j'ai rencontrés préfèrent ne pas être obligés d'intervenir pour faire respecter des règles élémentaires connues de tous. Quand le patrouilleur vous demande d'accélérer le jeu, c'est tout simplement que vous avez été distancé par les joueurs qui vous devancent. Le patrouilleur n'a pas à entendre votre plaidoyer, il ne cherche pas de coupable. Pliez-vous volontiers à sa demande et rattrapez le retard, même si vous vous sentez agressé par son intervention.

Nous avons tous entendu des histoires de shérif qui « ne nous a pas lâché pendant 18 trous ». J'ai bien l'impression qu'il avait des raisons de le faire. Ce n'est pas pour admirer votre élan qu'un patrouilleur vous accorde autant d'attention. À moins que vos partenaires de jeu se prénomment Tiger, Phil et Naomi, il a d'autres chats à fouetter. Si vous ne comprenez pas la raison de sa présence, demandez-lui poliment ce qui ne va pas. Sa réponse risque d'être un atout important pour vos prochaines rondes, vous devriez d'ailleurs l'en remercier.

⛳ Nous croyons tous que le jeu est lent parce quelqu'un d'autre en avant s'attarde. Au lieu de prendre le shérif en aversion, collaborez avec lui pour appliquer les mesures qui réduiront le temps de jeu. Malgré la bonne volonté de plusieurs clubs, (système de drapeaux, écriteaux, horloges et cartes poinçonnées), les rondes de golf en deçà de 4 heures sont rarissimes, pourquoi?

Si aucun groupe n'accuse de retard sur le précédent et que le jeu demeure lent, il n'y a qu'une seule explication. La vitesse d'exécution des joueurs est trop lente. Tout le monde doit en prendre conscience, vous le premier.

Un peu de mathématiques. Si chaque golfeur gaspille 10 secondes à chaque coup, cela allonge sa partie d'environ 15 minutes, donc une (1) heure par quatuor. Ajoutez le temps perdu pour les recherches de balle, les Mulligans, le casse-croûte, le petit coin, le club oublié et le reste, cela vous aidera à comprendre pourquoi une ronde de golf est devenue une « journée de golf ». Fixez-vous un objectif maximum de 2 h 10 par 9 trous, soit moins de 15 minutes par trou en incluant le trajet entre les trous.

Nous avons tous vécu, un jour ou l'autre, l'expérience suivante. Départ à 16 heures. Arrivée au 10e trou à 18 h 45. Au même rythme, il est évident que l'on va devoir arrêter au 15e trou. Tout à coup, parce que tout golfeur veut finir sa ronde, abracadabra, le jeu s'accélère et les 18 trous se jouent avant la noirceur. Un miracle? Non pas vraiment. Moins de tergiversation? Assurément! Vous me direz que vous n'avez pas cherché les balles longtemps, que vous n'avez pas lu votre roulé sur les quatre faces et que vous marchiez d'un bon pas. C'est justement ce dont il est question, vous avez vu juste.

GOLF ILLICO

La durée des rondes de golf est un fléau très répandu. La lenteur du jeu n'est pas un problème régional, culturel ou sociologique. Il faut regarder ailleurs.

D'abord, la règle 10 demande au joueur le plus loin du trou de frapper le premier. Ensuite, elle accorde les honneurs au joueur qui a obtenu le meilleur pointage sur le trou précédent, c'est-à-dire le privilège de frapper le premier sur le tertre de départ. Des joueurs respectueux de la règle, mais moins expérimentés, appliqueront rigoureusement ces directives. À mon avis, c'est la source du problème.

Souvent le joueur qui a les honneurs est un meilleur golfeur que les autres. Il est plus précis et frappe ses coups de départ plus loin. Il doit donc attendre que le groupe précédent soit hors de portée, ce qui peut représenter une distance appréciable. Il se produit alors « *l'effet élastique* ».

Au moment où le deuxième joueur exécutera son coup de départ, le groupe précédent aura déjà atteint la région du green. Ensuite le départ du 3e, puis celui du 4e et ça continue… Le deuxième coup des 2e, 3e et 4e joueurs. Quand viendra le temps pour le meilleur joueur de frapper son 2e coup, le groupe précédent aura quitté le prochain tertre de départ depuis longtemps.

C'est à ce moment que l'élastique se brise et que le retard apparaît.

Que faire ? Les anglophones utilisent l'expression « play ready golf ». Cela signifie que le premier joueur qui est prêt s'exécute, sans égard aux honneurs. Comme nous ne connaissons pas d'équivalent en français pour cette expression, nous utiliserons l'expression « jouer *illico* », qui signifie jouer aussitôt ou tout de suite.

Quand vous jouez *illico*, en tout temps le joueur qui est prêt à frapper le fera, même si ce n'est pas à son tour. À titre d'exemples :

- au départ. Tous les joueurs qui ne risquent pas d'atteindre le groupe précédent frappent *illico* (les premiers), sans tenir compte du pointage obtenu sur le trou précédent ;
- dans l'allée, même principe. Celui qui est prêt frappe le premier, même s'il n'est pas le plus loin du trou ;

- autour du green. Pourquoi attendre que votre camarade soit rendu à sa balle pour jouer ? Faites votre approche *illico* ;
- sur le green. Souvent, le joueur le plus loin du trou n'est même pas rendu sur le green alors que ses partenaires ont déjà placé leur repère. Ceux qui sont prêts font leur roulé *illico*.

Les règles d'or du jeu *illico* :

1) attention à la **sécurité**. Il arrivera souvent que le joueur qui s'apprête à frapper soit derrière vous. Placez-vous à l'écart, à l'abri et hors du champ de vision du joueur ;

2) attention aux **distractions**. Celui qui joue hors séquence pourrait vous prendre par surprise. Soyez invisible, immobile et muet ;

3) attention à la **courtoisie**. Convenez dès le départ de jouer *illico* et, en golfeur expérimenté, rappelez-le à vos partenaires. Ainsi, celui qui vient de réaliser un oiselet ne vous tiendra pas rigueur de frapper avant lui au départ suivant.

▮ Dans l'allée, jouez *illico*, c'est simple et efficace. Au lieu de bavarder avec un partenaire qui attend pour jouer, rendez-vous *illico* à votre balle. Cela vous permettra d'analyser votre prochain coup, d'évaluer la distance, de choisir le bon club et peut-être même de jouer si c'est sans danger pour l'autre groupe.

▮ Sur le green, analysez votre roulé pendant que les autres s'exécutent. Quand viendra votre tour, vous serez prêt et concentré. Votre rapidité d'exécution réduira au minimum les distractions et ne permettra pas à la nervosité de s'emparer de vous. Si vous ratez votre roulé de peu, indiquez votre intention d'en finir immédiatement. Cela évite la procédure du marquage et vos compagnons ne risquent pas de fouler votre ligne de roulé ; autant de temps sauvé.

À votre arrivée sur le tertre de départ, si le groupe qui vous devance est hors d'atteinte, l'un d'entre vous frappe *illico*. La cloche a sonné, la récréation est terminée, le pointage est inscrit. Vous aurez tout le loisir de reparler du trou précédent et de le rejouer dans le pavillon après la ronde. Dès que la balle de votre camarade a cessé de rouler, avancez-vous *illico* et plantez votre tee. Pourquoi attendre qu'il se retire ? Il va expliquer son erreur, commenter son élan, le reprendre et invoquer le ciel. Écoutez, de toute façon, ce coup fait partie de l'histoire, on ne peut rien y changer. Je connais des golfeurs qui, tout en surveillant la course de leur balle, ramassent leur tee et se placent à l'écart *illico*.

QUEL TERTRE DE DÉPART ?

Au moment de la conception d'un parcours, l'architecte est conscient que des golfeurs d'habiletés différentes y joueront. Il serait absolument ridicule que vous deviez prendre le départ du même endroit que les plus longs cogneurs des circuits professionnels. C'est pourquoi les meilleurs terrains comptent 4 ou 5 tertres de départ à chaque trou. Ils sont souvent de formes différentes et éloignés les uns des autres. La couleur des jalons détermine la longueur que le parcours totalise à partir de ces tertres. Cela permet au golfeur d'utiliser le tertre qui correspond le mieux à ses habiletés. Ainsi, un joueur moins expérimenté frappera son coup de départ à partir du tertre le plus rapproché du green alors qu'à l'inverse, le professionnel utilisera le tertre le plus éloigné.

De grâce, n'ayez pas les yeux plus grands que la panse! Je me rappellerai toujours ce type de 25 de handicap. Il m'expliquait jouer des jalons arrières parce qu'il aime le défi… Effectivement c'était tout un défi de jouer une ronde en moins de 6 heures avec lui.

Le golf est un sport social. Grâce à l'étiquette, de purs étrangers pourront passer des moments agréables ensemble, indépendamment de leurs habiletés. Voici ce que nous suggérons quand les membres de votre quatuor jouent à partir de tertres différents.

Jouez du golf *illico* en respectant rigoureusement les règles d'or décrites précédemment (sécurité, distraction, courtoisie). Autrement il est clair que l'effet *élastique* ne manquera pas d'étirer votre patience et celle des autres.

Le golfeur qui frappe le moins loin devrait être le premier à jouer, même s'il joue sur le tertre le plus rapproché. **Puis, il se met à l'abri** et ainsi de suite pour les autres selon la longueur de leur départ respectif.

Quels sont les avantages de procéder ainsi? Pendant son coup de départ, le golfeur moins expérimenté n'a pas à subir le regard de joueurs meilleurs que lui, cela peut être intimidant.

Ensuite, comme il ne frappe pas sa balle très loin, c'est lui qui doit jouer le premier dans l'allée. S'il y arrive avant ses compagnons, il n'a pas l'impression de retarder tout le monde, même s'il rate son coup.

Si on respecte l'étiquette à la lettre, le débutant frappe son coup de départ en présence de tout le monde, puisqu'il joue le dernier. Ensuite, il court à sa balle où l'attendent déjà ses partenaires. Étant le plus près du tertre, il doit jouer le premier. Cela n'a pas de sens !

LES ÉLANS D'ENTRAÎNEMENT

Dans son petit livre rouge, le regretté Harvey Penick, l'un des plus grands enseignants de tous les temps, écrit : « Sur le parcours, faire deux ou trois swings d'essai prend du temps. À notre époque de jeu lent, nous devons accélérer le jeu, et non le ralentir encore. Dans de nombreux golfs d'Écosse et d'Angleterre, un panneau installé au premier départ avertit les joueurs : « Il ne faut pas plus de trois heures et quart pour faire un parcours. Si vous passez davantage de temps, un commissaire vous reconduira directement vers la sortie ». Vous ne verrez jamais un Écossais perdre du temps à faire des swings d'essai ».

Le golfeur moyen s'imagine qu'après avoir réalisé un bon élan d'exercice ses chances sont meilleures d'effectuer un excellent coup. Appuyé en cela par certaines recherches, M. Pennick pense pourtant le contraire. Pendant l'entraînement le golfeur peut faire son mouvement en toute liberté, il ne frappera finalement que de l'air. Il peut même développer certains défauts puisque cet élan est sans conséquences. Plus vous faites d'élans d'essai, plus vous dépensez d'énergie et plus la tension monte dans vos muscles. Vous n'avez quand même pas peur de rater la balle !

Si oui, désolé. Le fait de prendre quatre élans d'exercice n'est pas un gage de succès. Les meilleurs golfeurs font leurs élans d'exercice à l'entraînement, avant et après la partie.

CESSEZ LES RECHERCHES

Quatre personnes ont suivi la trajectoire de la balle. Elle est entrée dans le bois, juste avant l'arbre mort. Vous vous y rendez rapidement, vous amorcez les recherches et vos collègues vous y rejoignent. Zut! Elle n'est pas là. **Top chrono.** Si trois minutes se sont écoulées depuis le début des fouilles, cessez les recherches. Vous avez d'autres balles dans votre sac n'est-ce pas?

N'oubliez pas que, pendant ce temps, le groupe précédent a continué sa progression et que vous devez le rattraper rapidement.

Si votre balle risque d'être difficile à trouver, frapper **illico** une balle *dépanneur*. C'est ce que les règles appellent une balle provisoire. Vous l'utiliserez comme dépanneur si vous ne trouvez pas la première.

JEU

Que faire si vous perdez une balle ?

a) Profiter de l'occasion pour en trouver d'autres.
b) Cueillir des **framboises** dans le sous bois, alors que vous cherchez la balle.
c) Pester contre les sous-bois qui manquent d'entretien.
d) Frapper une balle « dépanneur », puis cherchez la première pendant un maximum de 3 minutes.

LAISSER PASSER ?

Les ouvrages traitant de l'étiquette vous incitent à laisser passer le groupe qui suit alors que vous accusez un retard d'un trou sur le groupe qui précède. On vous demande, une fois rendu au prochain tertre de départ de frapper vos balles, mais d'attendre ce groupe et de les inviter à passer devant vous.

Nous nous inscrivons en faux contre cette coutume sauf dans deux cas :

- entre les deux neufs, si vous souhaitez vous arrêter pour manger **avec** l'autorisation du préposé au départ (plusieurs terrains l'interdisent ou limitent le temps accordé) ;

- lorsque le parcours est peu achalandé.

Contrairement à la croyance populaire, laisser passer un groupe ne fait qu'ajouter au problème du jeu lent. Le groupe qui en dépasse un autre est le seul bénéficiaire de la situation. Le dépassement occasionne une perte de temps additionnelle pour les groupes qui suivent et cela n'accélère pas la vitesse de jeu du groupe dépassé.

Vous devez absolument être en mesure de maintenir le rythme du groupe qui vous devance. S'il vous faut :

- n'entreprendre aucune recherche de balle perdue : faites-le ;

- placer une autre balle dans l'allée : faites-le ;

- ramasser votre balle après 8 coups : faites-le ;

- sortir la balle de la fosse avec vos mains : faites-le ;

- contourner le lac avec la balle dans votre poche : faites-le ;

- placer un tee sous votre balle dans l'allée : faites-le ;

- marcher un trou sans le jouer : faites-le.

Un skieur débutant ne se présente pas dans des pistes pour expert, n'est-ce pas ? Accepteriez-vous d'être opéré par quelqu'un qui vient de terminer sa première année de médecine ?

Vous n'êtes peut-être pas prêt pour ce genre de parcours. Prenez des cours, pratiquez et jouez sur des 9 trous à normales 3, il y en a près de chez vous. Quand vous aurez acquis une meilleure maîtrise, rendez-vous sur un terrain facile. Pendant la semaine ils sont moins achalandés.

Un joueur seul, même s'il joue plus rapidement, n'a aucun privilège sur le parcours et ceci est probablement une invitation à partager le plaisir d'une partie à plusieurs. Les préposés au départ voient à réunir les golfeurs par groupe de quatre (4), cela favorise un rythme de jeu régulier.

JEU

Que devriez-vous faire si le groupe qui vous précède retarde le jeu ?

a) Vérifier s'il est vrai que la nouvelle balle « XL » parcourt une distance plus longue.
b) Lancer des regards assassins.
c) Crever les pneus de leur voiturette.
d) Aviser le patrouilleur.

LES VOITURETTES

Ah ! quelle extraordinaire invention ! Elle permet à tout le monde de jouer et elle accélère le rythme du jeu. Pensez-vous ?

Nous sommes d'accord pour qu'une personne avec des problèmes de santé utilise cet engin démoniaque. Pour le reste, les voiturettes brisent les terrains, elles sont une source de distraction par le bruit, certaines polluent l'environnement et elles contribuent toutes à ralentir le jeu.

Pour le très bon golfeur, la voiturette ne fait pas de différence. Pour le golfeur moyen, la voiturette est une entrave et pour les débutants, c'est l'enfer. Voici pourquoi.

• Pour faciliter le choix des clubs, la voiturette doit être reliée à un système satellite et afficher continuellement la distance qui sépare la balle du trou. Seuls quelques clubs offrent ce service.

• Ensuite, ses deux occupants n'étant pas du même calibre, les balles sont à des distances différentes et dans des directions opposées.

• Pendant que je vais te reconduire à ta balle, je ne sais plus exactement où se trouve la mienne.

• Tu as choisi un fer 8, mais le drapeau est à l'arrière et il vente, un fer 6 serait préférable finalement.

■ Quand on vous demande de ne pas quitter les sentiers spécialement aménagés, vous marcherez davantage que si vous étiez à pied, les allers retour à la voiturette étant trop fréquents.

■ Une dernière chose à propos des voiturettes. J'ai vu des gens courser, se tamponner, faire de la montagne russe sur des monticules, traverser une fosse, foncer dans un arbre, oui Monsieur la vie est belle. Soyons respectueux de la propriété d'autrui, du terrain et des autres golfeurs.

Autres trucs pour accélérer le jeu

« Tic tac », « tic tac », « tic tac »…

- À l'approche du green, repérez le prochain départ et placez votre sac de ce côté ;

- apportez plusieurs clubs si vous devez faire une approche ou un coup de fosse de sable avant votre roulé;
- une fois sur le green, déposez ces clubs au sol sur le drapeau;
- concédez les roulés courts à vos partenaires;
- au départ, assurez-vous de ne pas jouer une balle similaire à celle d'un compagnon;
- identifiez un point de repère pour faciliter les recherches de balle;
- dans l'allée, laissez votre sac en face de vous;
- lorsqu'en difficulté, ne jouez pas les héros, jouez le coup le plus facile;
- bien sûr, vous êtes capable d'atteindre ce green en 2 coups, mais comme vous avez une chance sur 10…;
- lisez les règles locales avant de commencer la partie;
- quittez le green dès que possible et dirigez-vous rapidement au prochain départ;
- si vous ratez un roulé, évitez de le reprendre quatre fois;
- enfilez votre gant pendant que vous approchez la balle;
- ne prenez jamais de Mulligan;
- plus vous êtes longtemps au-dessus de la balle, plus vous risquez que Georges finisse par marmonner quelque chose, brasser sa monnaie ou toussotter, etc.

Si vous développez de bonnes habitudes, vous jouerez mieux et plus rapidement et on recherchera votre compagnie, c'est certain.

JEU

Sur le green du 7e trou, après avoir envoyé la balle dans le trou, que faites-vous?

> a) Reprendre 3 fois le roulé précédent.
> b) Compter et recompter chacun de vos coups en demeurant au centre du green.
> c) Essayer de sortir la balle du trou avec votre fer droit (putter).
> d) Replacer le drapeau dans la coupe et vous diriger rapidement vers le trou suivant.

CONCLUSION

Les terrains sérieux donnent des directives à leurs préposés au départ, coordonnateurs et patrouilleurs, semblables à celles qui suivent:

- aucun retard à l'heure prévue pour le départ n'est accepté;
- les groupes jouant tôt le matin doivent le faire en moins de 4 h 10;
- les autres groupes doivent jouer en moins de 4 h 30.

Ils avisent les golfeurs des sanctions possibles:

1re infraction de jeu lent: le groupe se verra demander de rejoindre le groupe qui le devance;

2e infraction de jeu lent: le groupe se verra demander de ramasser les balles et de se placer à une distance d'un coup du groupe qui le devance;

3e infraction de jeu lent: le groupe peut être contraint de quitter le parcours.

LES RÈGLES

INTRODUCTION

É coutez, on ne peut vous obliger à aimer ce sport, ni vous forcer à jouer contre votre gré. Mais si vous décidez de jouer au golf, sachez que c'est un sport basé sur des valeurs comme la loyauté, le fair-play, l'honnêteté, l'équité et la franchise.

Les règles du jeu sont les mêmes partout dans le monde. Elles existent pour éviter les malentendus, pour uniformiser la pratique, la discipliner et l'organiser. En cela le golf n'est pas vraiment différent de la vie.

Dans la vie il y a des lois naturelles qui s'imposent d'elles-mêmes. Mais il y a aussi des lois qui nous sont imposées. Le code de la route, le code civil, le code criminel et toutes sortes de règlements modulent notre comportement dans le quotidien. Que l'on aime ou pas, ces règlements favorisent le bien-être général de la communauté plutôt que les goûts et les désirs des individus qui la composent. Il en est de même pour le golf.

Dans d'autres sports, les joueurs trichent et font tout ce qu'ils peuvent pour déjouer ou influencer l'arbitre. Joueurs et entraîneurs-chefs se croient tout permis et servent malheureusement de modèles au téléspectateur. Le golf est différent.

C'est le seul sport où les participants s'imposent à eux-mêmes une pénalité pour une infraction au règlement. Dans un sport où un seul coup entraîne la perte de sommes astronomiques, **IL N'Y A PAS D'ARBITRE!**

C'est une question d'honneur. Des joueurs s'imposent des pénalités pour des infractions dont ils ne sont aucunement responsables et dont personne n'a été témoin. Des exemples? Un joueur en position au-dessus de sa balle, la voit bouger sans y avoir touché : pénalité. Un autre découvre pendant sa ronde que, son fils de 5 ans lui a fait une surprise en déposant son petit fer droit dans le sac de papa : pénalité. Celui qui réussit à retrouver sa balle dans l'herbe longue, mais qui ne peut l'identifier parce que son cadet a oublié de la marquer : pénalité.

Les officiels ne sont pas là pour surveiller et sanctionner les joueurs. Ils interviennent uniquement à la demande d'un joueur incertain de l'application d'un règlement. Même si les partenaires se veulent les cerbères du respect des règles, la courtoisie et la camaraderie sont toujours présentes.

C'est tout cela qui fait du golf un sport si spécial.

█ Même si vous n'avez pas besoin de connaître tous les règlements, assurez-vous de maîtriser les règles de base que nous vous présentons dans cet ouvrage. Avec le livre des règles officielles dans votre sac, vous pourrez faire face à n'importe quelle situation.

Associations et Fédération

Le golf est l'un des sports les plus respectés au monde et c'est en grande partie à cause de ses règles et de leur évolution depuis plus d'un siècle. Chaque année, le R&A et la USGA se réunissent pour discuter de l'interprétation, de la révision et de la terminologie des règles du golf. Ensemble, ces organismes établissent les règles du jeu qui sont suivies partout à travers le monde.

D'autres organismes sont responsables de l'administration des règles du golf et du statut d'amateur pour leur pays respectif. Ils représentent leur pays aux réunions internationales et siègent comme membres du comité des règles pour les formuler et les interpréter.

Du chinois

Le R & A et la USGA détiennent tous les droits réservés de l'édition officielle des Règles du golf, alors que les associations nationales possèdent le droit exclusif de publication et de distribution dans leur pays, incluant la version en français. Ses 165 pages sont divisées en trois sections, auxquelles s'ajoutent quatre appendices et un index.

Pour la plupart d'entre nous, il est inutile d'espérer mémoriser toutes ces 34 règles. Peu de gens les maîtrisent parfaitement. Elles doivent se lire en tenant compte de plus de mille décisions qui ont été rendues et publiées par les autorités afin de clarifier certaines situations.

Avez-vous déjà lu ce livre des règles? Je le compare souvent aux lois de l'impôt. **En voici une version romancée**.

Règle XYZ, laquelle s'applique dans une situation donnée, qu'il ne faut pas confondre d'ailleurs avec telle autre situation, et dont il devient nécessaire d'en vérifier la signification.

À partir du point d'entrée et non pas d'arrêt de la balle dans l'obstacle, lequel comprend tout l'espace se trouvant au-dessus et au-dessous verticalement déterminé par la ligne le délimitant ou encore par la ligne imaginaire tracée entre deux repères qui sont considérés eux-mêmes faire

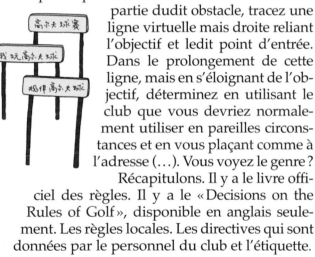

partie dudit obstacle, tracez une ligne virtuelle mais droite reliant l'objectif et ledit point d'entrée. Dans le prolongement de cette ligne, mais en s'éloignant de l'objectif, déterminez en utilisant le club que vous devriez normalement utiliser en pareilles circonstances et en vous plaçant comme à l'adresse (…). Vous voyez le genre?

Récapitulons. Il y a le livre officiel des règles. Il y a le «Decisions on the Rules of Golf», disponible en anglais seulement. Les règles locales. Les directives qui sont données par le personnel du club et l'étiquette.

But du livre

Nous avons pensé vous présenter uniquement les règles que vous rencontrerez le plus souvent dans une partie par coups. Un exposé sans prétention, mais fidèle à l'esprit des règles. Un document de vulgarisation abondamment illustré.

Une fois les principales règles maîtrisées, nous pensons qu'il vous sera plus facile de respecter le sport dans son essence et dans sa tradition.

Peut-être n'aimerez-vous pas ces règles, mais elles contribuent à rendre le golf différent des autres sports.

Elles font appel aux valeurs de l'individu, elles le confrontent à lui-même en lui présentant un défi à la fois sportif et humain.

L'exposé sur les règles officielles sera suivi d'un chapitre complet à l'intention du golfeur occasionnel. Nous lui proposons des façons d'agrémenter sa partie et de rendre les petites compétitions amicales plus équitables.

LE PRINCIPE DES RÈGLES

Les terrains sont tous concoctés à partir des mêmes ingrédients.

Une aire de départ surélevée et bien entretenue favorise le décollage de la balle. Le golf c'est facile.

Comme piste d'atterrissage, une allée large et en parfaite condition pour permettre à la balle de rouler sur une plus grande distance. Le golf c'est facile.

Dans leur grande bonté, les dieux du golf ont posé de chaque côté de l'allée une lisière d'herbe un peu plus longue, pour empêcher une balle maladroite de rouler dans le pétrin. Le golf c'est facile.

Dans l'espace englobant l'allée et l'herbe longue, il y a de la place pour 1 800 balles comme la vôtre, l'une à côté de l'autre. Le golf c'est facile.

Êtes-vous en train de me dire que vous n'êtes pas capable d'envoyer votre damnée balle en pèlerinage dans cette terre sainte? Que dis-je, dans ce sanctuaire de paix large comme l'éternité? Comment diable faites-vous pour rentrer votre auto dans le garage?

On est pas sorti du bois! C'est le cas de le dire. Tantôt vous devrez expédier la balle dans un trou à peine 2 fois plus grand qu'elle…

Voilà le principe sacro-saint sur lequel repose ce sport magnifique. Si vous êtes incapable de stationner une auto dans un garage 1 800 fois plus large qu'elle, il est normal que vous ayez à payer pour la faire débosseler.

Il existe une corrélation entre l'importance de la faute et la sévérité de la punition, entre la gravité du crime et la lourdeur de la peine à purger.

C'est la raison d'être des coups de pénalité.

DANS LE PÉTRIN

Commençons par les mauvaises nouvelles. À la suite d'une maladresse aussi involontaire que rare, vous venez tout juste de perdre l'être cher, la balle que vous aimiez tant. Que faire ? Comment rendre un dernier hommage à la disparue, alors que vous risquez même de ne jamais retrouver son corps ?

Après le refus, la colère, la révolte, la tristesse, vous devrez bien finir par vous résigner à accepter la situation. Faites-vous à l'idée, car vous n'aurez guère plus que quelques secondes pour vivre votre deuil.

Les quelques conseils qui suivent vous permettront, je l'espère, de passer à travers ces moments difficiles, dans le respect le plus pur des règles officielles.

N'OUBLIEZ PAS

En vertu de la règle 13-1, une balle doit être jouée là où elle repose. N'oubliez pas, que dans toutes circonstances, il s'agit d'une des options qui s'offrent à vous, c'est un privilège inviolable. Lorsqu'illustrée, cette option vous sera rapellée par le chiffre numéro 1.

À chaque fois qu'une pénalité vous est imposée, n'oubliez jamais, que vous avez toujours l'option de reprendre votre coup de l'endroit où vous avez frappé la dernière fois. Cette procédure est connue sous l'expression de pénalité « d'un (1) coup + distance ». Lorsqu'illustrée, cette option vous sera rapellée par le chiffre numéro **2**.

Rappelez-vous, vous pouvez toujours :

1 *sans pénalité*, jouer la balle là où elle repose.

2 Avec *1 coup* de pénalité, reprendre votre coup de l'endroit où vous avez frappé la dernière fois. *(coup + distance)*

1. OBSTACLE D'EAU

RÈGLE 26

DÉFINITION

V Un endroit identifié avec une ligne jaune ou des piquets jaunes.

V Une première constatation. La qualification du genre d'obstacle d'eau n'appartient pas au joueur.

INFOS

⚑ Les lignes et piquets indicatifs font partie de l'obstacle d'eau.

⚑ Nous ne parlons donc pas uniquement d'eau. Il peut s'agir de terre, d'air, de sable, d'herbe, de marécage, de boue, d'eau, de zone préservée, etc. en autant qu'ils sont dans l'obstacle.

⚑ Il suffit qu'une infime partie de la balle touche à la limite pour qu'elle soit considérée dans l'obstacle d'eau.

⚑ La ligne délimitant l'obstacle se prolonge perpendiculairement vers le haut et vers le bas.

⚑ Un piquet peut être enlevé pour l'exécution de votre coup (et replacé).

⚑ On ne peut prendre pour acquis que la balle se trouve dans l'obstacle. Il doit y avoir une évidence raisonnable.

⚑ Si les piquets sont momentanément absents ou placés incorrectement, c'est la limite naturelle de l'obstacle qui prévaut.

VOS OPTIONS ▣ OU ▣ OU ▣ :

▣ avec *1 coup* de pénalité, laisser tomber une balle derrière l'obstacle dans le prolongement d'une ligne droite (a) reliant le drapeau et le point **d'entrée** (b) de la balle dans l'obstacle, sans limite quant à la distance de recul (c).

77

a   b   c

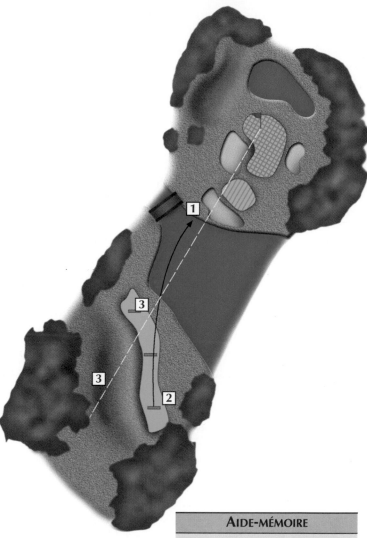

Aide-mémoire

Vous pouvez calculer vos coups comme suit :

    1) dans le lac,
    2) sortir de l'eau,
    3) je frappe le prochain coup.

2. OBSTACLE D'EAU, LATÉRAL *RÈGLE 26*

DÉFINITION

- Tout endroit identifié avec une ligne rouge ou des piquets rouges.
- Tout obstacle d'eau derrière lequel il est impossible de « laisser tomber » la balle.
- Une première constatation. La qualification du genre d'obstacle d'eau n'appartient pas au joueur.
- Une deuxième constatation. Malgré le mot *latéral*, on pourrait en trouver ailleurs.

PRÉCISIONS

- Les lignes et piquets indicatifs font partie de l'obstacle d'eau, latéral.
- Nous ne parlons donc pas uniquement d'eau. Il peut s'agir de terre, d'air, de sable, d'herbe, de marécage, de boue, d'eau, de zone préservée, etc. en autant qu'ils sont dans l'obstacle.
- Il suffit qu'une infime partie de la balle touche à la limite pour qu'elle soit considérée dans l'obstacle d'eau, latéral.

☑ La ligne délimitant l'obstacle se prolonge perpendiculairement vers le haut et vers le bas.

☑ Un piquet peut être enlevé pour l'exécution de votre coup (et replacé).

☑ Sans évidence raisonnable, vous ne pouvez décréter que la balle se trouve dans l'obstacle.

Vos options 1 OU 2 OU 3 OU 4 :

3 avec *1 coup* de pénalité, laisser tomber une balle derrière l'obstacle dans le prolongement d'une ligne droite (a) reliant le drapeau et le point **d'entrée** (b) de la balle dans l'obstacle, sans limite quant à la distance de recul (c).

a   b   c

4 Avec *1 coup* de pénalité, laisser tomber une balle à moins de *2 longueurs de club* (d) et pas plus près du trou que :

4a que le point **d'entrée** (e) de la balle dans l'obstacle,

ou,

4b qu'un point situé du côté opposé de l'obstacle à la même distance du trou que le point **d'entrée** de la balle dans l'obstacle.

80

d   e

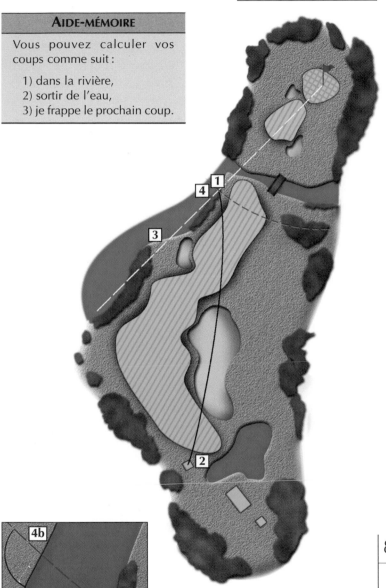

AIDE-MÉMOIRE

Vous pouvez calculer vos coups comme suit :

1) dans la rivière,
2) sortir de l'eau,
3) je frappe le prochain coup.

Pourquoi ?

Les architectes, afin d'agrémenter notre promenade, déposent ici et là, au gré de leur fantaisie, des plans d'eau. Souvent ils font confiance au «Grand» architecte et ils dessinent un trou en fonction de la rivière ou du lac existant déjà.

C'est donc un défi qui est lancé au golfeur. Un « obstacle » est placé volontairement sur le parcours afin de rendre un trou plus difficile.

Si vous ratez le test, les règles sont quand même indulgentes, vous avez été en quelque sorte piégé.

QUESTION PIÈGE

La balle de Serge repose dans l'eau d'un lac qui a débordé. Elle est à l'extérieur de la limite de l'obstacle, telle que déterminée par des piquets.

Q : Que faire ?

R : Si la balle est à l'extérieur de la limite naturelle du lac et de la limite déterminée par les piquets : allègement sans pénalité.

Si la balle est à l'intérieur de la limite naturelle du lac, elle est dans l'obstacle d'eau. (D 26/2)

3. BALLE PERDUE

RÈGLE 27

OU HORS LIMITE

DÉFINITIONS

- Balle provisoire : balle **annoncée** provisoire, frappée **immédiatement** après la balle originale qu'un joueur a des raisons de croire perdue **hors d'un obstacle d'eau** ou hors limite.
- Une balle est perdue quand après **5 minutes** de recherches, elle reste introuvable ou non **identifiée** par le joueur comme étant la sienne.
- Une balle est perdue quand le joueur met une **autre balle** en jeu.
- Une balle est perdue quand le joueur joue sur une balle provisoire de l'endroit où se trouve vraisemblablement sa balle d'origine ou d'un endroit plus rapproché du trou.
- Un hors limite est tout endroit identifié avec une ligne blanche ou des piquets blancs.
- Autre situation, il est possible d'en trouver partout, même sur le terrain.

83

PRÉCISIONS

⚑ Les lignes, les clôtures et les piquets indicatifs sont hors limite.

⚑ Pour être considérée hors limite la balle tout entière doit reposer hors limite.

⚑ La ligne délimitant le hors limite se prolonge perpendiculairement vers le haut et vers le bas.

⚑ Un piquet ou quelque autre indication du hors limite ne peut être bougé, enlevé ou déplacé pour l'exécution de votre coup.

⚑ Même s'il se trouve lui-même hors limite, le joueur peut frapper sa balle si elle est en jeu.

VOS OPTIONS ② OU ③ OU ④ :

③ si vous aviez frappé une balle provisoire (a), elle devient en jeu là où elle repose (b) plus *1 coup* de pénalité,

a   b

ou,

④ si vous n'aviez pas frappé de balle provisoire (a), laissez tomber ou placez sur le tee une balle à l'endroit où vous avez **frappé** la dernière fois plus *1 coup* de pénalité (**coup + distance**) (b).

84

a   b

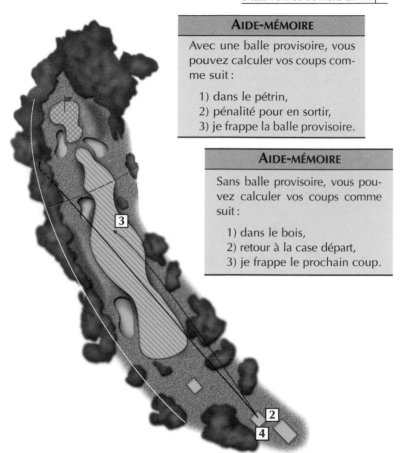

Avec une balle provisoire, vous pouvez calculer vos coups comme suit :

1) dans le pétrin,
2) pénalité pour en sortir,
3) je frappe la balle provisoire.

AIDE-MÉMOIRE

Sans balle provisoire, vous pouvez calculer vos coups comme suit :

1) dans le bois,
2) retour à la case départ,
3) je frappe le prochain coup.

POURQUOI ?

C'est un juste châtiment pour une faute grave. Vous avez été maladroit. Vous ne méritez pas le sort du bienheureux qui a placé sa balle dans l'allée verdoyante.

COMMENTAIRES

Dès que vous frappez une balle dans le bois, dans l'herbe longue ou à tout autre endroit qui rendra les recherches difficiles, ne risquez pas d'être obligé, après 5 minutes d'exploration, de revenir en arrière pour frapper de nouveau. C'est une perte de temps et d'énergie, c'est frustrant et c'est faire preuve de mauvais jugement.

SUR LE PARCOURS : Annoncez immédiatement votre intention de frapper une balle provisoire. Identifiez-la (pour éviter de la confondre avec la balle originale), avisez-en vos partenaires, puis laissez tomber une balle.

D'UN TERTRE DE DÉPART : Retirez-vous et laissez vos partenaires frapper leurs coups. Ensuite annoncez votre intention de frapper une balle provisoire. Identifiez-la et avisez-en vos partenaires et placez-la sur le tee.

- Les coups frappés avec la balle provisoire ne comptent pas, **si** vous trouvez votre balle originale en jeu, en moins de 5 minutes **et** que vous n'avez pas frappé sur la balle provisoire d'un endroit plus près du trou que la balle originale. Vous devez alors ramasser la balle provisoire, elle n'est pas en jeu.
- Le temps écoulé, pendant les coups frappés avec la balle provisoire, ne comptent pas dans le calcul des 5 minutes qui vous sont allouées pour les recherches.
- Si votre balle est frappée dans un endroit manifestement hostile, il est préférable d'abandonner votre balle originale. Si vous trouviez votre balle originale dans le délai imparti, vous devriez la jouer et abandonner votre balle provisoire.
- Le choix de la balle en jeu ne vous appartient plus quand vous trouvez la balle originale avant l'expiration du 5 minutes.

BONNES NOUVELLES

Après la pluie, le beau temps. À toute chose malheur est bon. Le vent a tourné. Bref, ça ne peut pas aller mal tout le temps.

Voici certaines situations dans lesquelles, malgré une position initiale fâcheuse, vous pourrez bénéficier d'un petit coup de pouce des dieux du golf.

N'OUBLIEZ PAS

Même si vous **pouvez toujours** :

☐ *sans pénalité*, jouer la balle là où elle repose, ou,

☐ avec *1 coup* de pénalité, reprendre votre coup de l'endroit où vous avez **frappé** la dernière fois *(coup + distance)*.

Cette section vous offre des options souvent plus avantageuses.

1. OBSTRUCTIONS

RÈGLE 24

DÉFINITIONS

Tout ce qui est **artificiel**, à l'exception des indicateurs de hors limite et,

« toute partie d'un objet artificiel inamovible qui est hors limite ».

1-A OBSTRUCTIONS AMOVIBLES

Seule une obstruction qui peut être déplacée facilement et sans effort excessif est une obstruction **amovible**.

À titre d'exemples : râteau, chariot et voiturette, balle abandonnée, écriteau, corde, toile, boyau d'arrosage, fil électrique, *picvert*, monnaie, club oublié, etc.

VOS OPTIONS [1] OU :

si la balle ne repose pas **dans** ou **sur** l'obstruction, déplacez l'obstruction, *sans pénalité*, puis, si nécessaire, **replacez** la balle le plus près possible de l'endroit où elle se trouvait, mais pas plus près du trou;

Si la balle repose **dans** ou **sur** l'obstruction, levez la balle et déplacez l'obstruction, *sans pénalité,* puis,

88

SUR LE GREEN : **replacez** la balle le plus près possible de l'endroit où elle se trouvait, mais pas plus près du trou.

AILLEURS : **laissez tomber** la balle le plus près possible de l'endroit où elle se trouvait, mais pas plus près du trou.

Si la balle est encore **en mouvement**, vous ne pouvez déplacer l'obstruction.

POURQUOI ?

La règle est indulgente parce que ces obstructions sont artificielles et qu'elles ne font pas partie du plan de l'architecte. La plupart du temps, elles ne sont pas visibles de loin. Pourquoi vous pénaliser alors que vous n'avez commis aucune faute ?

1-B OBSTRUCTION INAMOVIBLE

DÉFINITION

Obstruction qui ne peut être déplacée facilement ou sans effort excessif ou sans retarder indûment le jeu ou sans causer de dégâts.

89

À titre d'exemples : pont, véhicule automobile, construction, chemins, routes ou sentiers lorsqu'ils sont recouverts artificiellement, tête de gicleur fixe, clôture, mur, tuteur, etc. Les règles locales peuvent en identifier d'autres, tels de jeunes arbres.

COMMENTAIRES

Certaines obstructions peuvent être amovibles ou inamovibles selon les circonstances.

Lorsque vous êtes en présence d'une poubelle, d'un banc, d'une affiche, de la machinerie , d'une brouette, d'un distributeur d'eau, etc., vérifiez si l'objet peut être déplacé facilement ou sans effort excessif ou sans retarder indûment le jeu ou sans causer de dégâts.

Attention ! Les chemins ou sentiers qui n'ont pas été recouverts par l'activité de l'homme ne sont pas des obstructions.

Obstructions inamovibles

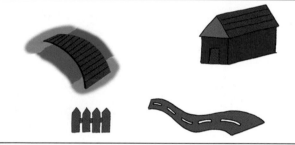

Obstructions amovibles

90

QUAND

Une obstruction inamovible cause un **embarras** lorsqu'elle touche à la balle ou lorsqu'elle gêne le joueur dans sa position initiale ou dans son élan **normal** pour ce coup.

PROCÉDURE ▯ OU ▣ :

prendre un allègement *sans pénalité*.

▣ **SUR LE PARCOURS :** trouvez l'endroit le plus près de la balle, lequel :

- évite l'embarras ;
- n'est pas plus près du trou ;
- n'est pas dans un obstacle ou sur le green.

C'est votre point d'allègement. **Laissez tomber** votre balle à moins d'une longueur de club de ce point, mais pas plus près du trou.

SUR LE GREEN : levez et déposez la balle à l'endroit le plus près de l'endroit où elle reposait, lequel :
- évite l'embarras;
- n'est pas plus près du trou ;
- n'est pas dans un obstacle.
(Note : ce point pourrait même être à l'extérieur du green).

DANS UNE FOSSE : levez la balle et trouvez l'endroit le plus près de l'endroit où elle reposait, lequel :
- évite l'embarras ;
- n'est pas plus près du trou ;
- est dans la fosse.
C'est votre point d'allègement.
Laissez tomber votre balle.

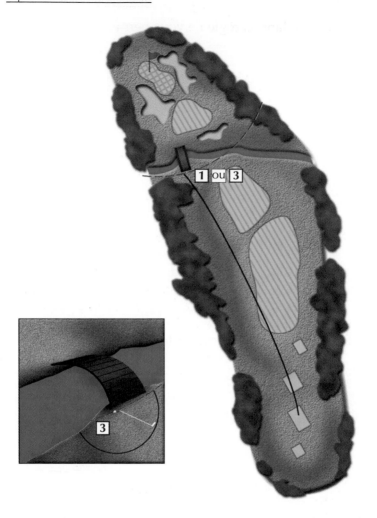

POURQUOI ?

92

Les règles font preuve de moins de clémence que dans le cas des obstructions amovibles mais, toujours pas de pénalité.

Ces objets inamovibles sont non seulement visibles de loin, mais ils sont habituellement en retrait, dans un endroit qui n'est pas censé être nuisible.

Cependant, la règle ne vous permet pas de prendre un allègement quant pareil obstacle est dans votre ligne d'envol. Premièrement, c'est précisément parce qu'il ne doit pas être dans votre ligne; s'il s'y trouve, c'est par votre faute. Deuxièmement, s'ils vous embarassent, c'est qu'ils sont tellement gros que, de toute façon, vous ne pouviez pas ne pas les voir.

INFOS

- Dans tous ces cas, vous pouvez nettoyer la balle après l'avoir levée.
- La procédure d'allègement ne s'applique pas dans un obstacle d'eau.
- La procédure d'allègement n'est pas autorisée si, de toute façon, votre élan ou votre position initiale est déjà sérieusement gênée par autre chose que l'obstruction.
- Si de toute évidence la balle est **perdue** dans l'obstruction, la procédure d'allègement s'applique en remplaçant les mots «l'endroit le plus près de l'endroit où elle reposait» par les mots «le point d'entrée de la balle dans l'obstruction».

▼ Si après votre procédure d'allègement vous êtes gêné par une autre obstruction, vous pouvez prendre à nouveau une procédure d'allègement.

▼ Attention, avant de déplacer votre balle. Rappelez-vous que la procédure d'allègement ne vous assure que d'une chose: être libéré de l'obstruction en question. **Elle ne vous garantit pas une meilleure position**. Ainsi, vous pourriez vous retrouver dans une fosse, un buisson, derrière des arbres. Souriez, la vie est belle.

QUESTION PIÈGE

Votre balle s'immobilise sur le pont au-dessus de la rivière.

Q: Quelles sont vos options?

R: Les mêmes que lorsque la balle s'immobilise dans un obstacle d'eau. Le pont, obstruction inamovible, se trouve dans l'obstacle d'eau dont les limites s'étendent perpendiculairement vers le haut et vers le bas. Pas d'allègement pour un obstacle inamovible quand la balle repose dans un obstacle d'eau.

QUESTION PIÈGE

Votre balle repose dans la moitié gauche d'un sentier pour voiturettes.

94

Q: De quel côté du chemin se situe votre point d'allègement? ... Est-il au même endroit pour un gaucher et un droitier?

R: Le point d'allègement est déterminé après que le joueur ait simulé sa position initiale.

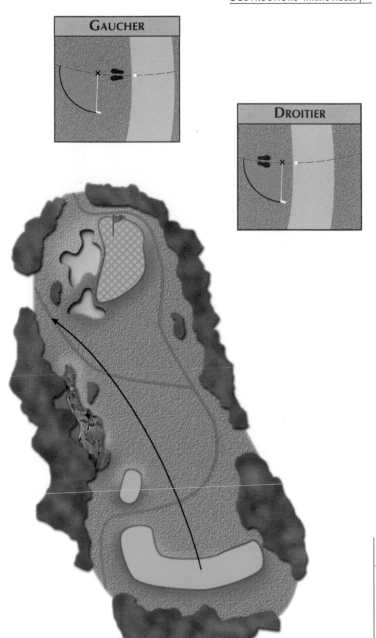

2. BALLE INJOUABLE *RÈGLE 28*

En quoi une balle injouable est-elle une bonne nouvelle ?

Vous avez parfaitement raison. La bonne nouvelle, ce n'est pas que la balle soit injouable. La bonne nouvelle, c'est que vous pouvez prendre un allègement pour vous remettre sur la bonne voie.

DÉFINITION

⚑ Une balle est injouable si, de l'**opinion** du joueur, il est incapable de la jouer en raison de l'endroit où elle **repose**.

⚑ Une balle peut-être déclarée injouable partout sur l'aire de jeu, sauf à partir d'un obstacle d'eau.

COMMENTAIRE

Même si le joueur est le seul juge, l'endroit où la balle repose reste le critère d'évaluation déterminant. Ainsi, dans un bosquet, contre une roche, sous un conifère, contre le rebord d'une fosse, entre des racines, dans des endroits escarpés, nous semblent des endroits où une balle peut être déclarée injouable.

INFOS

- Pour déclarer sa balle injouable, le joueur doit préalablement l'avoir trouvée et identifiée.
- La balle peut être nettoyée lorsqu'elle est levée.

OPTIONS ☐1 OU ☐2 OU ☐3 OU ☐4 :

☐3 avec *1 coup* de pénalité, laisser tomber une balle à moins de 2 longueurs de club (a) de l'endroit où la balle repose (b), mais pas plus près du trou et, si la balle est dans une fosse de sable : **dans** la fosse,

a   b

ou,

☐4 avec *1 coup* de pénalité, laisser tomber une balle derrière l'endroit où la balle repose (c) mais, dans le prolongement d'une ligne (d) droite reliant le drapeau et ce point, sans limite quant à la distance de recul (e). Mais, si la balle est dans une fosse de sable : **dans** la fosse.

c   d   e

97

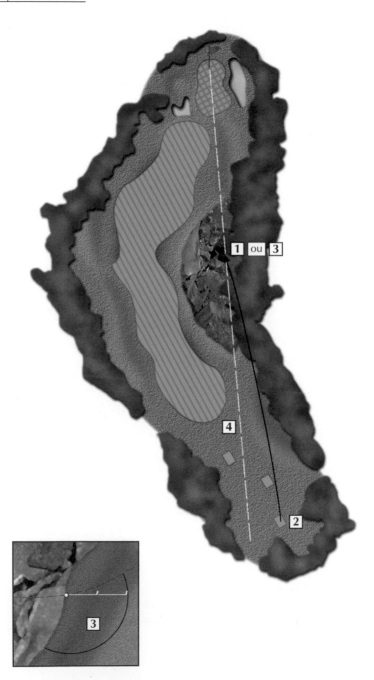

POURQUOI ?

▼ Ecoutez, les règles vous offrent un allègement. Vous n'êtes pas obligé de le prendre. Si vous pensez avoir des chances de jouer la balle là où elle repose, c'est vous le patron. Après tout, à qui cette balle appartient-elle ?

▼ Cet allègement est offert à ceux qui ne veulent pas briser un club ou, qui ne veulent pas briser leur pointage ou, qui ne veulent pas se briser un os.

QUESTION PIÈGE

Q. Un joueur déclare sa balle injouable. Il choisit de « laisser tomber » à l'intérieur de 2 longueurs de club de l'endroit où elle repose. Malheureusement sa balle roule dans un endroit pire qu'avant ? Que doit-il faire ?

R. Garder son calme, il ne peut la déplacer sans encourir une autre pénalité.

Q. Même situation, mais cette fois la balle retourne au même endroit qu'avant.

R. Malheureusement, même réponse.

Q. Même situation, mais cette fois la balle roule dans un endroit parfait, légèrement plus rapproché du trou que l'endroit où elle reposait antérieurement.

R. Malheureusement, le joueur doit recommencer son « laisser tomber » (sans pénalité supplémentaire).

99

3. Terrain en condition anormale

Règle 25

Définition

Tout terrain en réparation, eau fortuite, trou, rejet ou piste fait par un animal fouisseur, un reptile ou un oiseau.

3-A Terrain en réparation

Définitions

Tout aire de jeu identifiée «en réparation» par des écriteaux, des lignes tracées sur le sol, par le personnel du club.

Même lorsque non spécifiquement identifié, est considéré «terrain en réparation»:
- ce qui a été ramassé en tas par le personnel pour être enlevé plus tard;
- un trou creusé par un membre du personnel.

Commentaires

▼ Habituellement un employé ne met pas en tas ce qu'il n'a pas l'intention de ramasser ultérieurement.

▼ La qualification d'un «terrain en réparation» n'appartient pas de façon discrétionnaire au joueur.

▼ À titre d'exemples: trou laissé par un «piquet repère», arbre mort coupé par le personnel, terre, gazon coupé, feuilles, cônes, etc. lorsque mis en tas pour être enlevés.

▮ Cela n'inclut pas : terre, gazon coupé, feuilles, cônes, etc. reposant sur le sol, une souche, un arbre brisé par le vent encore relié partiellement à sa souche, des fissures dans le sol, empreintes laissées par la machinerie lourde.

INFOS

▮ Il peut s'agir de zones plus fragiles, de zone préservée pour des raisons d'écologie ou d'environnement, etc. Dans tous ces cas elles devront toutefois être identifiées comme telles.

▮ Il suffit qu'une infime partie de la balle touche à la limite pour qu'elle soit considérée dans le « terrain en réparation ».

▮ La ligne délimitant l'obstacle se prolonge perpendiculairement vers le bas, **mais pas vers le haut**.

▮ Toute espèce végétale poussant dans le « terrain en réparation » est présumée en faire partie.

▮ Les piquets et lignes le délimitant en font partie.

▮ Un tel piquet est considéré comme une obstruction (voir R. 24).

QUAND

Un terrain en réparation cause une interférence quand la balle s'y trouve ou, même si la balle ne s'y trouve pas, quand une espèce végétale qui y pousse gêne le joueur dans sa position initiale ou dans son élan **normal** pour **ce** coup.

101

Procédure

Prendre un allègement *sans pénalité*. C'est-à-dire trouvez l'endroit le plus près de la balle, lequel :
- évite l'interférence ;
- n'est pas plus près du trou ;
- n'est pas dans un obstacle ou sur le green.

C'est votre point d'allègement

Options 🖩 OU :

Sur le parcours : *sans pénalité*, **laissez tomber** votre balle à moins d'une longueur de club (a) de ce point.

a

Sur le green : *sans pénalité*, levez et déposez la balle à l'endroit le plus près du point d'allègement, sur le green ou non.

Dans une fosse : *sans pénalité*, levez la balle et **laissez tomber** dans la fosse le plus près possible du point d'allègement.

Avec *1 coup* de pénalité, laissez tomber la balle à **l'extérieur** de la fosse à un endroit qui est :
dans le prolongement d'une ligne (b) droite

reliant le drapeau et l'endroit où reposait (c) la balle sans limite quant à la distance de recul (d).

b   c   d

Pourquoi ?

En temps normal votre balle serait jouable. La règle est même avantageuse, puisqu'elle vous permet de remettre la main sur la balle. Vous avez donc la chance de la laisser tomber à un endroit qui pourrait s'avérer plus favorable.

Note

Si de toute évidence la balle est **perdue** dans le terrain en réparation, la procédure d'allègement s'applique comme si la balle reposait à son point d'entrée dans le terrain en réparation.

QUESTION PIÈGE

Votre balle repose dans un arbre qui pousse dans un terrain en réparation, mais dans sa partie qui se trouve à l'extérieur du terrain en réparation.

Q : Que faire ?

R : Sans pénalité, prendre un allègement. (D. 25/10.5) La limite du T.E.R. ne se prolongeant pas vers le haut, l'arbre tout entier est présumé faire partie du T.E.R.

103

QUESTION PIÈGE

Un arbre pousse dans un terrain en réparation. Votre balle repose contre ses racines, lesquelles courent à l'**extérieur** du terrain en réparation.

> **Q :** Où se trouve votre point d'allègement ?
>
> **R :** Aucun allègement (D.25/10.7), la limite du T.E.R se prolongeant vers le bas, la balle n'est pas considérée dans le T.E.R.

NOTES

- ☑ Dans tous ces cas, vous pouvez nettoyer la balle après l'avoir levée.
- ☑ La procédure d'allègement ne s'applique pas dans un obstacle d'eau.

3-B EAU FORTUITE

DÉFINITION

Toute accumulation **temporaire** d'eau, à la condition qu'elle soit **visible**, avant ou après que le joueur prenne position.

104

COMMENTAIRES

Temporaire : qui ne dure que très peu de temps.

Visible : qu'il est possible de voir.

À titres d'exemples : neige, glace naturelle, débordement d'un obstacle d'eau, eau dans une marque de balle ou dans une fosse.

Cela n'inclut pas : rosée, givre, glace fabriquée, un sol boueux, vaseux, détrempé si l'eau n'est pas visible en surface.

INFOS

Le joueur ne peut enlever l'eau fortuite.
Le joueur ne peut altérer sa ligne de roulé.

PROCÉDURE

Prendre un allègement. C'est-à-dire trouver l'endroit le plus près de la balle, lequel :
- évite l'embarras ;
- n'est pas plus près du trou ;
- n'est pas dans un obstacle ou sur le green.

C'est votre point d'allègement.

VOS OPTIONS   **1** OU :

SUR LE PARCOURS : *sans pénalité,* **laissez tomber** votre balle à moins d'une longueur de club (a) du point d'allègement.

a

(Note: cette procédure pourrait amener dans l'herbe longue, une balle qui était dans l'allée et vice versa).

105

SUR LE GREEN : *sans pénalité,* levez et déposez la balle le plus près possible du point d'allègement

DANS UNE FOSSE : *sans pénalité,* **laissez tomber** votre balle à moins d'une longueur de club (a) du point d'allègement.

Avec **1 coup** de pénalité, laissez tomber la balle à **l'extérieur** de la fosse à un endroit qui est :

- dans le prolongement d'une ligne (b) droite reliant le drapeau et l'endroit où reposait (c) la balle, sans limite quant à la distance de recul (d), mais pas plus près du trou.

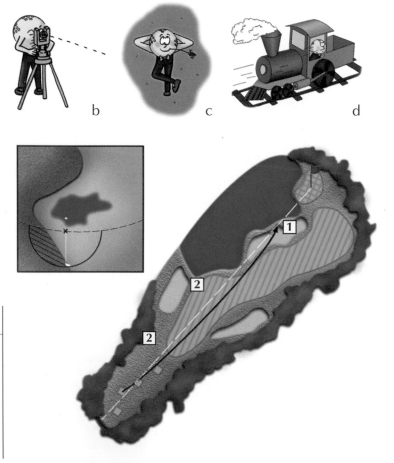

b   c   d

106

POURQUOI ?

Quand mère nature s'en mêle, mieux vaut s'en ac-
comoder. Le trou n'a pas été conçu avec une étendue
d'eau à cet endroit. Cela ne fait pas partie non plus
d'une modification prévue par le club. Cela pourrait
être comparé à un cas fortuit ou à une force majeure.
C'est une erreur de parcours.

NOTES

▼ Dans tous ces cas, vous pouvez nettoyer la balle
après l'avoir levée.

▼ La procédure d'allègement ne s'applique pas
dans un obstacle d'eau.

▼ La procédure d'allègement sans pénalité n'est
pas autorisée si de toute façon votre élan ou votre
position initiale est déjà sérieusement gênée par
autre chose que l'eau fortuite.

107

BALLE PERDUE

Si de toute évidence la balle est **perdue** dans l'eau fortuite (a), la procédure d'allègement s'applique comme si la balle reposait à son point d'entrée (b) dans l'eau fortuite.

Il ne faut pas prendre ses rêves pour des réalités. Il est possible qu'à cause d'un monticule, vous ne puissiez voir atterrir votre coup de départ. Arrivé sur place, vous constatez qu'il y a autant de chances pour que votre balle soit enfouie dans le sol humide, cachée dans l'herbe longue ou perdue dans l'eau fortuite.

a   b

Désolé, sans évidence raisonnable (c), la balle doit être considérée perdue à l'extérieur de l'eau fortuite. (D 25-1c/1) *(coup + distance)*

c

Dans l'évaluation de l'évidence raisonnable, il faut tenir compte des circonstances. À titre d'exemple, une balle que l'on voit atterrir dans l'eau fortuite pourrait en être ressortie. Tout dépend de sa trajectoire, de sa vélocité, de l'endroit où elle touche l'eau, etc. (D 26-1 / 1)

QUESTION PIÈGE

Votre balle repose dans une fosse totalement recouverte d'eau fortuite?

Q: Que faire?

R: Vos options sont les suivantes:
a) Laisser tomber dans l'eau à un endroit moins pénalisant; *sans pénalité*, mais pas plus près du trou.
b) Avec *1 coup* de pénalité, laisser tomber à l'extérieur… dans le prolongement… sans limite de recul…
c) Déclarer votre balle injouable.

3-C ANIMAUX

Les animaux fouisseurs, les oiseaux, les reptiles.

DÉFINITION

Un animal fouisseur sera exclusivement celui qui creuse un trou pour y habiter ou s'y réfugier.

COMMENTAIRES

Nous venons d'éliminer, les poules, les éléphants et les dinosaures ! Un chien, un chat et un écureuil creusent des trous dans le sol, mais ce n'est ni comme refuge, ni comme habitat.

Les animaux fouisseurs sont : les marmottes, les lièvres, les renards, les castors, les rats d'eau, etc.

QUOI

Un trou, des rejets de terre ou un passage fait par un animal fouisseur, un oiseau, un reptile.

QUAND

- Quand une balle s'y trouve perdue, s'y immobilise ou y touche ;
- quand ils gênent votre élan ou votre position initiale ;
- quand ils interfèrent avec votre ligne de roulé sur le green.

DES PRÉCISIONS

! Pour déterminer si une balle est perdue dans un terrain altéré par un animal, vous devez être en présence d'une évidence raisonnable.

! En appliquant la procédure d'allègement à une balle perdue dans un trou d'animal, la balle sera présumée reposer à l'endroit de son point d'entrée dans le trou d'animal.

SUR LE PARCOURS : procédure et option

Procédure : déterminez un point d'allègement.

Trouvez l'endroit le plus près de la balle, lequel :

- évite l'embarras;
- n'est pas plus près du trou;
- n'est pas dans un obstacle ou sur le green.

Options : **1** ou :

sans pénalité, **laissez tomber** votre balle à moins d'une longueur de club (a) de ce point, mais pas plus près du trou.

a

SUR LE GREEN : procédure et options

Options : **1** ou :

sans pénalité, levez et déposez la balle le plus près possible du point d'allègement.

Note: ce point pourrait être à l'extérieur du green.

111

DANS UNE FOSSE : procédure et options

Options : 1 ou 3 ou 4 :

3 *sans pénalité,* **laissez tomber** votre balle à moins d'une longueur de club de ce point.

4 Avec *1 coup* de pénalité, laissez tomber la balle à l'**extérieur** de la fosse à un endroit qui est dans le prolongement d'une ligne (a) droite reliant le drapeau et l'endroit où reposait (b) la balle sans limite quant à la distance de recul (c), mais pas plus près du trou.

a   b   c

POURQUOI ?

Avez-vous déjà essayé de frapper une balle dans un trou de marmotte ? Elle est déjà difficile à apercevoir. Un conseil, ne glissez pas la main dans le trou pour vous assurer qu'elle s'y trouve…(la balle)

NOTES

Y Dans tous ces cas, vous pouvez nettoyer la balle après l'avoir levée.

Y La procédure d'allègement ne s'applique pas dans un obstacle d'eau.

La procédure d'allègement sans pénalité n'est pas autorisée si de toute façon votre élan ou votre position initiale est déjà sérieusement gêné par autre chose que l'embarras.

QUESTION PIÈGE

C'est connu, les renards affectionnent les balles de golf. Ils s'en emparent souvent sous les yeux du golfeur éberlué, puis les portent dans une cachette. On ne sait pas encore s'ils les revendent ou les gardent pour leurs renardeaux qui font leurs dents.

Q: L'animal (c'est le cas de le dire) vole une balle sur le green à 6 pouces du trou. Que faire?

R: Replacer une balle à l'endroit approximatif de la précédente. Il est inutile d'appeler la S.P.A.

Q: L'animal s'empare de votre balle alors qu'elle roule vers la coupe pour un trou d'un coup? (Prenons pour acquis que vous n'avez pas de fusil)

R: Vous devez rejouer votre coup.

S.V.P., pour ne pas retarder le jeu, ne poursuivez pas la pauvre petite bête dans le bois.

3-D Détritus

Définition

Objets naturels qui n'adhèrent pas à la balle **et** qui **ne sont pas** :

- fixes, ou,
- croissants, ou,
- solidement incrustés dans le sol.

Commentaires

À titre d'exemples : fruit au sol, pelure, feuilles au sol, branches au sol, cônes au sol, animal mort, excréments, pierre, etc.

Détritus

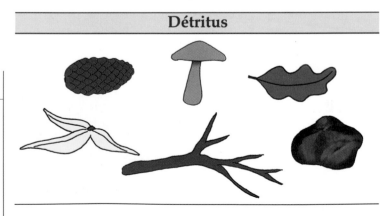

Quand

 Quand une balle s'y trouve perdue, s'y immobilise ou touche le détritus.

 Quand ils interfèrent avec votre ligne de roulé sur le green.

Sur le parcours : **procédure et option** 1 **ou :**

le détritus peut être déplacé *sans pénalité,* à la condition de ne pas faire bouger la balle.

• **Avant** que le joueur prenne sa position initiale. Si la balle bouge, par le déplacement d'un détritus, situé à moins d'une longueur de club de la balle : *1 coup* de pénalité et le joueur doit replacer sa balle.

• Une fois en position initiale, si la balle bouge :
Aucune pénalité si c'est par le contact non intentionnel du club, dans le processus de prise de position initiale;
sinon, *1 coup* de pénalité, à moins que le joueur ait déjà commencé son mouvement **et** qu'il le termine.

Sur le green : **procédure et option** 1 **ou :**

le détritus peut être déplacé *sans pénalité.*
Si son déplacement cause le mouvement de la balle ou du repère, replacer la balle ou le repère.

115

Dans un obstacle : **procédure et option** 1

Il est interdit de déplacer un détritus quand la balle se trouve dans l'obstacle.

LES MAINS SUR LA BALLE

En y pensant bien, les règles sont là pour vous aider. Elles vous indiquent comment retrouver le droit chemin quand vous êtes perdu, vous informent de la marche à suivre après un faux pas ou vous replacent au sec après une baignade improvisée.

Le problème est diagnostiqué, la médication est prescrite. À vous de suivre correctement la posologie si vous ne voulez pas aggraver votre état de santé.

Voici quelques gestes que vous devez maîtriser afin de prendre votre pilule correctement.

4- A
LAISSER TOMBER

Dans le présent titre, les mots laisser tomber seront remplacés par l'abréviation **LT** dans toutes les circonstances (verbe, nom).

Les règles de base
Aux termes d'une règle, quand vous devez **LT**,

- la balle ne doit jamais rouler plus près du trou que l'endroit où elle reposait ;

- la balle ne doit jamais rouler plus près du trou que le point d'allègement le plus proche ou le point d'allègement maximal ;
- la balle ne doit jamais rouler plus près du trou que le point d'entrée dans l'obstacle d'eau ;
- la balle doit atterrir dans la zone identifiée pour le **LT**.

COMMENT ?

Vous devez :
- vous tenir droit ;
- le bras bien tendu ;
- la balle à la hauteur de l'épaule ;
- la main au-dessus de la zone du **LT**.

Vous devez :
- **LT** la balle en écartant simultanément les doigts qui la retiennent ;
- sans la lancer ;
- sans lui appliquer de rotation.

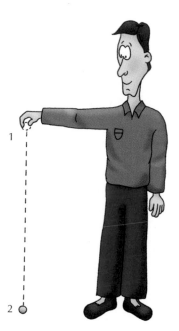

UN CONSEIL

Pendant la procédure pour déterminer :
- le point d'allègement le plus près, ou,
- la zone pour **LT**, ou,
- ou le point d'entrée, ou,
- l'endroit où la balle reposait, ou,
- tout autre point relaté dans la procédure menant au **LT**.

Assurez-vous de marquer avec un tee chacun des points décrits par la règle. Cela vous avantagera dans l'obtention de conditions de jeu favorables.

Où ?

Selon le cas,
- aussi près que possible, ou,
- à moins d'une longueur de club de l'endroit indiqué par la règle, ou,
- à moins de deux longueurs de club de l'endroit indiqué par la règle.

Cet endroit ne peut être amélioré
- en déplaçant, pliant ou brisant toute espèce végétale fixe, ou,
- en déplaçant, pliant ou brisant tout objet fixe ;
- en enlevant ou compressant de la terre meuble ou du sable ;
- en enlevant ou compressant une motte de gazon arrachée qui avait été replacée ;
- en enlevant ou compressant toute autre irrégularité en surface ;
- en enlevant la rosée, l'eau ou le givre.

Sauf si cela se produit
- en prenant votre position initiale ;
- pendant votre élan arrière ;
- sur l'aire de départ ;
- sur le green ;
- en déposant légèrement le club au sol au moment de prendre votre position initiale.

4-B Laisser Tomber à nouveau

Quand ?

- quand la balle roule et s'arrête dans un obstacle ;
- quand elle roule et s'arrête hors de l'obstacle ;
- quand elle roule et s'arrête sur le green ;
- quand elle roule et s'arrête hors limite ;
- quand elle roule et s'arrête sans obtenir le dégagement nécessitant le **LT** ;

- quand elle roule et s'arrête plus près du trou que sa position d'origine ;
- quand elle roule et s'arrête plus près du trou que le point d'allègement.

Sans pénalité

INFOS

Si une règle vous autorise un **LT** dans une zone de moins de 2 longueurs de club d'un point, la balle peut rouler jusqu'à 2 longueurs de club addition-nelles, sans se rapprocher du trou. Vous pourriez donc bénéficier d'un dégagement pouvant atteindre 4 longueurs de club.

4-C PLACER

DÉFINITION

« Placer » est le terme utilisé par les règles pour les cas où une balle doit être remise au même endroit qu'antérieurement.

QUAND ?

- Si, après avoir **LT** à **nouveau,** la balle repose dans une des situations qui avait nécessité ce **LT**.
- Si requis par une règle.

OÙ ?

Selon les dispositions de la règle applicable :
- Aussi près que possible de son point de chute dans la zone désignée ;
- laquelle n'est pas plus près du trou ;
- laquelle n'est pas dans un obstacle (sauf si elle s'y trouvait déjà),
  ou
- à l'endroit exact où la balle reposait anté-rieurement ;

119

• l'endroit où la balle reposait antérieurement ne peut être amélioré.

Cependant, s'il a été détérioré, la balle pourra être placée à moins d'une longueur de club, à l'endroit le plus près qui présente des conditions similaires.

INFOS

Quoi faire si, après avoir été placée, la balle ne s'immobilise pas ?
Sans pénalité, la replacer.

Si elle se déplace à nouveau ?
Sans pénalité, la replacer à nouveau à l'endroit le plus près où elle restera au repos **et** qui n'est pas plus près du trou ou dans un obstacle (sauf si elle s'y trouvait déjà).

4-D NETTOYER LA BALLE

DÉFINITION

Enlever la saleté.

POURQUOI ?

Pour assurer l'équité du jeu. Hors de l'allée, point de salut. Comme les conditions de jeu y sont moins bonnes, il est normal que le joueur qui y a envoyé sa balle en subisse les conséquences.

Vous faites atterrir votre balle sur le green, alors que je le rate, sur la gauche et dans le boisé. Si je suis assez chanceux pour trouver ma balle, assez béni pour

120

avoir une ouverture vers le drapeau et assez veinard pour qu'elle repose sur un terrain parfait, je devrais pouvoir la nettoyer ?

SUR LE GREEN : oui,
quand la règle vous permet de lever pour obtenir un allègement.

SUR LE PARCOURS : non,
quand une règle vous permet de lever pour obtenir un allègement dans un obstacle.

PARTIELLEMENT :
juste ce qu'il faut pour vous permettre d'identifier la balle.

QUESTION PIÈGE

Q : Puis-je laver ma balle en la frottant dans la rosée qui repose sur le green ?

R : Oui, si ce n'est pas une façon détournée d'examiner la surface de jeu.

121

LE GROS BON SENS

INTRODUCTION

Tous les golfeurs ne pratiquent pas le golf dans le même but et avec les mêmes attentes.

Certains ne jouent que sur invitation. D'autres jouent avec des amis pendant les vacances, tout simplement parce que c'est amusant et divertissant. Il y a l'amateur qui joue à chaque semaine, si possible plus d'une fois, le maniaque, enfin bref, il y a des golfeurs de tous niveaux.

Sur un terrain, il y a souvent un golfeur occasionnel jumelé avec un mordu, un groupe de golfeurs occasionnels qui précède un groupe de mordus.

Les règles du golf exigent que tout ce beau monde connaisse et obéisse aux mêmes règles. Pour l'étiquette, ça va. Pas besoin d'être un golfeur expérimenté pour faire preuve de courtoisie et de savoir vivre. Mais les règles…

Les règles existent, entre autres, pour maintenir ou augmenter le défi que présente un terrain. La règle d'or du golf : « Jouez la balle à l'endroit où elle repose », est une façon de défier les meilleurs joueurs. Ils doivent développer leur habileté, maîtriser des coups difficiles et trouver une façon de performer malgré l'adversité. Mais pour monsieur Tout-le-Monde…

En ce qui me concerne, la seule obligation (hormis l'achat de ce livre…), du golfeur occasionnel est de se conformer à l'étiquette comme suit : A) respecter la vitesse du jeu; B) respecter le reste.

Dans la section de l'étiquette réservée au jeu lent, nous vous avons déjà donné un aperçu de ce qu'il faut être prêt à faire pour ne pas se laisser distancer par le groupe qui précède. Le présent chapitre ne devrait donc pas vous étonner.

PHILOSOPHIE

D ans la vie de tous les jours, la rémunération d'un individu ne reflète pas toujours sa valeur intrinsèque. On a beau vivre dans un monde de consommation, un gros salaire n'a jamais rendu quelqu'un intelligent.

Mon hypothèse est la suivante. Le bénéfice que l'on retire d'un travail ou d'une activité n'est pas proportionnel aux efforts, à l'énergie et au temps que l'on y a consacré.

Il en est ainsi avec le golf.

Le nombre de coups que vous frappez pendant une partie ne fait pas de vous une meilleure ou une moins bonne personne. Alors, pourquoi y accorder tant d'importance ?

Lors d'une ronde récréative, rien ne vous oblige à compter vos coups. Avez-vous déjà essayé ?

1- Quand je prends une marche avec un ami...
   a) Est-ce pour le plaisir d'être ensemble et de bavarder ? ou,
   b) est-ce pour savoir lequel marche le plus rapidement ?
2- Autour d'une bonne bouteille de vin...
   a) Partageons-nous, échangeons-nous et prenons-nous du bon temps ? ou,
   b) comptons-nous le nombre de verres que chacun de nous a bus ?
3- Deux familles amis se rendent faire la cueillette des pommes...
   a) Toutes deux dans un même véhicule à rigoler et s'amuser ? ou,
   b) chacune dans sa bagnole en comptant arriver à destination avant l'autre ?
4- Au scrabble...est-ce que je pense ?
   a) L'autre a toujours les plus belles lettres ! ou,
   b) belle partie ce soir, nous avons fait de beaux mots !

RÉSULTATS

Si vous avez répondu « b » à la question numéro... On s'en fiche complètement ! Il n'y aura pas d'évaluation...

OUI OU NON !

C'est sérieux ou pas votre partie ?

Pour la plupart d'entre vous, c'est un passe-temps, un loisir, un divertissement, une activité de détente. Du moins je l'espère car, en moyenne, les golfeurs jouent 100 pour un parcours de 18 trous… (5% des golfeurs prétendent briser le 80 régulièrement).

Alors je vous dis : prenez avec un grain de sel le livre des règles du golf, mais suivez scrupuleusement le raccourci (*sani golf*) que nous vous présentons dans les pages qui suivent.

Pour les autres:
- ceux qui jouent « pour le plaisir » mais qui gagent;
- ceux pour qui le golf est « tout simplement un jeu », mais qui s'enragent à chaque coup raté;
- ceux qui « ne jouent pas contre les autres » mais qui veulent connaître le pointage de tout le monde;
- ceux qui sont heureux de vous battre même s'ils ont mal joué.

Finalement, à tous les autres qui maîtrisent les règles du golf et les décisions, qui participent à des tournois sanctionnés et dont le handicap est fidèle, exact, véridique, vérifiable et aussi pur que… que… la vierge Marie, je dis :

« Étudiez attentivement le raccourci (*sani golf*) que nous proposons dans les pages qui suivent, vous pourrez l'enseigner aux autres ».

Récapitulons. Pour du golf purement récréatif, c'est-à-dire : pas de pari, pas de compétition, pas de tournoi, vous pourriez prendre l'habitude suivante. **Si** vous marquez les coups, au lieu de demander combien ça te fait ? Demandez plutôt, combien veux-tu ?

Pour du golf non récréatif, aucune compétition n'a de sens à moins d'être joué selon les mêmes règles. Suivez celles que nous proposons, ce sera équitable pour tous.

Pour ceux qui participent à des tournois, pas de compromis possible. Le golf se joue selon les règles officielles, les vraies, les seules et il est de la responsabilité du joueur de les connaître. (R. 6)

« SANI » GOLF

Nous avons tous commencé à jouer au golf avec des règles modifiées. Ce n'est pas nouveau. Cela évite le découragement, protège la vitesse du jeu et rend tout le monde plus à l'aise. Si vous manquez d'expérience ou si tous les membres de votre quatuor sont d'accord, appliquez ces règles. Où est le problème ?

Jouer du « *sani* » golf, c'est jouer avec des règles modifiées dans le but d'accélérer le jeu en « nettoyant » votre pointage de certaines saletés. Elles sont faciles à retenir et à appliquer.

Quand vous aurez une meilleure maîtrise de votre jeu, il sera toujours temps d'adopter les vraies règles. D'ici là, ça ne dérange personne.

Voici comment jouer le « *sani* » golf.

1- Jouez du golf *illico* .

2- Jouez les balles frappées hors limite et les balles perdues un peu comme si c'était un obstacle d'eau latéral.

Seulement *1 coup de pénalité* et laissez tomber une balle dans l'allée, près du point d'entrée de la balle originale dans le pétrin.

(C'est d'ailleurs une règle locale en vigueur dans plusieurs clubs)

3- Si vous risquez de vous blesser ou de briser votre club sur une roche, des racines, un arbre, **laissez tomber** *sans pénalité* dans un endroit qui vous permet de contourner le problème.

(De toute façon on peut déplacer une roche qui n'est pas solidement incrustée, même si elle est tellement lourde, qu'elle ne peut être bougée qu'avec l'aide de plusieurs personnes...)

4- Certaines balles ont la fâcheuse manie de se prendre pour un ballon de plage. Si après 2 tentatives, votre balle se trouve toujours dans la fosse de sable et refuse d'en sortir, soyez beau joueur : amenez-la par la main sur le green.

Inutile de perdre votre âme en vidant une fosse de son contenu. Dans le fond ce n'est pas un coup si difficile, la bonne technique, le bon club et le tour est joué. Comme l'entraînement est interdit pendant la partie, faites cela après la ronde.

5- On retrouve souvent sur les normales 3 un plan d'eau qu'il faut survoler. Si vous avez 1 chance sur 10 d'y parvenir, n'achetez pas de billet.

Avec **1 coup de pénalité**, laissez tomber votre balle à l'endroit prévu à cette fin.

Si normalement ce n'est qu'une formalité, mais qu'aujourd'hui… Écoutez, on vous croit sur parole, ne vous entêtez pas.

Au coup déjà frappé, ajoutez **1 coup de pénalité** et laissez tomber votre balle dans la zone prévue à cette fin. Vous verrez, plusieurs y ont joué avant vous.

6- Si vos coups d'approche vous amènent à visiter tout le voisinage, sortez le fer droit et faites un roulé. Ça ne règle rien, mais c'est beaucoup plus rapide. Vous pratiquerez les approches une autre fois.

7- Dans tous les cas, vous pouvez convenir avec vos partenaires que le plus haut pointage pour un trou ne peut excéder 4 coups au-dessus de la normale. C'est déjà beaucoup. Après 8 coups sur une normale 4, ramassez votre balle, elle vous en sera reconnaissante.

SAVIEZ-VOUS QUE VOUS NE POUVEZ, SANS PÉNALITÉ ...

1) Déplacer votre balle qui repose dans le cratère laissé par une motte de gazon non replacée. (R 13-1)

2) Enlever la rosée ou le givre près de la balle. (R 13-2)

3) Attraper la balle avant qu'elle s'immobilise au fond de la coupe. (D 1-2/5)

4) Toucher à votre ligne de roulé et **aplanir**, un défaut du green ou des marques de crampons. (R 13-2)

5) Essayer la surface du green en y faisant rouler une balle. (R 16-1d)

6) Exécuter votre roulé en plaçant vos pieds de part et d'autre de la ligne de roulé ou en touchant son prolongement vers l'arrière. (R 16-1e)

7) De manière à être plus à l'aise pour votre coup : (D 13-2/1)

déplacer, plier, casser avec la main une branche ou brindille;

poser le pied sur une branche ou brindille pour l'empêcher de nuire;

déplacer, plier, casser avec une jambe, une branche ou brindille quand vous auriez été capable de prendre place autrement.

8) Exécuter un roulé avec la position « billard ». (D 14-1/2) et (R 14-1/3)

129

9) Reprendre le coup, si votre balle frappe un écriteau. Vous devez la jouer où elle repose. (R 19-1)

10) Obtenir un allègement, si une obstruction vous dérange mentalement. (D 24-2a/1)

11) Obtenir un allègement, parce qu'une souche gêne votre coup. (D 25/8)

12) Obtenir un allègement, si votre balle repose dans des pistes d'animaux fouisseurs ou autres. (D 25/19.5)

13) Obtenir un allègement, si votre balle repose sur du gazon qui est surélevé par un tuyau enterré dans le sol. (D 24/14)

SAVIEZ-VOUS QUE VOUS POUVEZ, SANS PÉNALITÉ ...

1) Enlever du sable, de la terre meuble ou des détritus, de votre ligne de roulé. (D. 23.1/1)

2) Réparer les bouchons des anciens trous et les marques de balles, récentes ou anciennes, sur cette ligne. (R 16-1c)

3) Déplacer une balle qui repose sur le mauvais green. (R.25-3)

4) De manière à être plus à l'aise pour votre coup : (D 13-2/1)

déplacer ou plier avec la main une branche, afin de vous rendre sous l'arbre pour jouer le coup;

déplacer ou plier, une branche en reculant, quand il vous est impossible de prendre votre position initiale autrement;

déplacer, plier, casser une jeune pousse ou un jeune arbre en reculant, quand il vous est impossible de prendre votre position initiale autrement.

5) Replacer votre balle sur le tee si vous l'avez fait tomber à l'occasion d'un élan d'entraînement. (D 18-2a/19)

6) Vous pouvez demander à un joueur d'enlever sa balle si elle vous dérange (physiquement ou mentalement). (D 22/1)

SAVIEZ-VOUS QUE...

1) Chacun de vos clubs peut être utilisé à n'importe quel endroit sur le terrain.

2) Vous pouvez lever et laisser tomber une balle enfoncée dans son propre impact uniquement sur le green et dans l'allée. (R. 25-2)

3) Suite à un roulé, si une partie de la balle reste suspendue au-dessus du trou, vous devez vous y rendre sans délai indu. Si elle tombe dans les 10 secondes qui suivent : Bravo !

4) Mais, si elle tombe après 10 secondes, c'est comme si vous aviez envoyé la balle dans le trou avec un autre roulé, plus 1 coup de pénalité. Désolé. (R. 16-2)

5) Si votre balle frappe celle d'un joueur et la déplace, a) vous devez jouer votre balle là où elle s'arrête, b) vous devez replacer l'autre là où elle reposait avant la collision. (R. 18-5)

6) L'expression « Le joueur est maître de sa balle » est fausse. À moins d'évidence raisonnable, il ne peut déclarer sa balle perdue dans tout obstacle d'eau, un terrain en réparation, de l'eau fortuite, un trou d'animal, etc.

7) Un joueur peut placer sa balle sur l'aire de départ jusqu'à 2 longueurs de club derrière les jalons. (Déf.)

131

8) Un joueur peut se tenir à l'extérieur de l'aire de départ pour jouer une balle qui est à l'intérieur de l'aire de départ. (R 11-1)

9) Si en jouant un coup, le club du joueur frappe la balle plus d'une fois, le joueur devra compter le coup et ajouter un coup de pénalité, soit un total de deux coups. (R 14-4)

10) À votre arrivée sur le green, votre balle repose contre le drapeau resté dans le trou. Soyez prudent, votre balle doit tomber dans le trou quand vous allez retirer le drapeau sinon, vous devrez la placer sur le bord du trou, sans pénalité. (R 17-4)

11) Karrie Webb, tournoi de la Firstar Classic en 2000, joue un coup de fosse et le rate, sa balle reste dans le sable. En colère, elle frappe le sable avec son club. Résultat, 2 coups de pénalité. Elle a perdu le tournoi par un seul coup.

12) Ian Woosnam, British Open (2001), il s'aperçoit au départ du 2e trou qu'il a deux bois 1 dans son sac. Résultat, 15 clubs se trouvent dans son sac, un de plus que la limite permise. Cette pénalité de 2 coups lui a fait perdre une fortune et une place dans l'équipe de la coupe Ryder.

13) Nick Faldo, Bali 1994, le Dunhill Asian Masters. La plupart du temps, une règle locale autorise les golfeurs à enlever les roches dans les fosses de sable. Lors de la 3e ronde, Faldo en enlève une. Le lendemain, lors de la ronde finale, il est meneur au 12e trou, avec une avance de 6 coups. Il apprend que la fameuse règle ne s'applique pas lors de ce tournoi. Disqualification immédiate, il avait remis une carte de pointage erronée la veille.

14) Jesper Parnevick, mars 2002, sur le green, son cadet nettoie sa balle puis la lui relance. Parnevick l'échappe sur son repère qui se déplace. 1 coup de pénalité.

15) Craig Stadler, 3e ronde San Diego Open, 1987. Il doit s'agenouiller pour jouer sa balle sous un pin. Il place une serviette au sol pour ne pas salir son pantalon et frappe son coup. Un téléspectateur téléphone le lendemain au diffuseur pour savoir si c'est permis. Le joueur est disqualifié pour avoir signé une carte de pointage qui ne tenait pas compte de la pénalité de 2 coups encourue pour avoir amélioré sa position...

Bizarre, bizarre

Danger

Votre balle fouineuse va prendre l'air dans le voisinage d'un nid d'abeille ou d'un serpent à sonnettes en cavale : cela constitue une situation dangereuse. N'ayez crainte, le golf a ses traditions. Vous pouvez jouer la balle là où elle repose.

Si vous ne manquez ni de miel ni de souliers en peau de serpent, vous pouvez prendre un allègement sans pénalité. (D 1-4/10)

Cependant, si les voisins sont du genre cactus, plantes carnivores, orties blanches ou brûlantes et herbe à poux : pas d'allègement, mais des heures de plaisir… (D 1-4/11)

Moins dangereux

Vous pouvez marquer l'emplacement de votre balle sur le green avec une paquerette ou une marguerite. (D 20-1/18)

Petit curieux va !

Avide de tout connaître, vous savez déjà que vous avez le droit de regarder dans le sac d'un joueur pour être informé du club qu'il utilise. Mais si le joueur est jaloux de son intimité, saviez-vous que vous ne pouvez déplacer la serviette qu'il a déposée sur ses clubs ? (D 8-1/10 et /11). Peut-être veut-il les protéger du soleil…

Docteur Marois, optométriste

Pour vous aligner correctement, si vous avez besoin de déposer un club sur le sol ou votre pipe derrière la balle, voici trois conseils :

- a) enlevez-les **avant** de frapper si vous ne voulez pas être pénalisé ; (D 8-2a/1 et /2)
- b) cessez de fumer ;
- c) le docteur Marois est aussi un excellent golfeur. Il pourra vous conseiller.

Ingénieux

Si votre balle repose contre la clôture de bois qui indique le hors limite au 18e, faites ceci :

- a) sautez de l'autre côté, dans le champ de monsieur Deschamps ;
- b) repérez la planche contre laquelle votre balle est appuyée ;
- c) frappez-la solidement avec un fer 3, de manière à faire avancer la balle par le ricochet de la planche, c'est permis ; (D14-1/5)
- d) ne dites jamais à monsieur Deschamps que je vous ai dit de faire ça.

Si vous n'êtes pas à l'aise avec cette façon de faire. Rendez-vous jusqu'à la barrière de M. Deschamps. Répétez les étapes « b,c,d » et refermez la barrière, pour ne pas que le « petit taureau » de M. Deschamps ne vienne charger le fanion rouge du 18e trou.

Le plus fidèle ami de l'homme

15e trou, courte normale 3. Beau coup de départ! Votre balle se dirige vers le trou. Jusque-là en embuscade, Fido passe en coup de vent et s'empare de votre balle. Tout fier de lui, il s'arrête près du lac, la laisse tomber et retourne se cacher. Bon chien! Vous pouvez la replacer à l'endroit où il l'a ramassée.

Dans le même exemple, si Fido est atteint par la balle, vous êtes obligé de la jouer là où elle s'arrête. (D 19-1/6 et /7)

Rectitude politique ?

Un joueur peut jouer avec un membre artificiel, mais il doit utiliser un club normal. Le joueur ne peut installer un ressort sur son membre artificiel qui lui permettrait de frapper la balle comme Tiger. (D 14-3/15)

Un p'tit caractère

Après une approche ratée, Louis ramasse sa balle et lui promet qu'elle ne recommencera plus jamais cela. Dans un geste théâtral, il la lance au milieu du lac. Encore sous l'effet de la colère, il sort une balle et avec son cocheur la lobe directement dans la coupe.

Il devra ajouter 3 coups de pénalité à son pointage. Un premier, pour avoir levé sa balle sans autorisation, deux autres pour avoir remplacé sa balle alors que ce n'était pas permis. (D 18-2a13.5)

Jolie bagnole

Si un jeune gaillard vous surprend en train de fouiner autour de son auto, demandez-lui gentiment de la déplacer.

Expliquez-lui que la peinture qui marque votre balle n'est pas celle de son auto. S'il est sceptique, vous devrez

a) prendre l'allègement prescrit dans le cas d'une obstruction inamovible ; (D 24/8),
b) prendre vos jambes à votre cou…

En avant, marche(s)…

Les marches sont une obstruction inamovible et vous avez droit à un allègement, pourvu qu'elles soient recouvertes d'un matériau quelconque. Des marches découpées à même la terre ne vous donnent droit à aucun allègement. (D 24/12)

Dommage !

Un arbre centenaire est tombé dans l'allée du 4e trou pendant l'orage, la nuit dernière. S'il est encore partiellement attaché à sa souche, vous n'avez droit à aucun allègement… (D 25/9)

Notez bien que si l'arbre est sexagénaire, c'est la même réponse.

Au pavillon

Jean-Louis défonce le green du 9e, fracasse la fenêtre du pavillon et sa balle s'immobilise au milieu de la salle à dîner.

Ses camarades à la fois ahuris et désolés lui demandent ce qu'il compte faire.

Fier compétiteur, Jean-Louis répond : « Facile, je joue la balle là où elle repose, en ouvrant la porte patio, cela me donne une ouverture au green ».

Croyez-le ou non… (D 24-2B/14)

CONCLUSION

À travers l'humour, l'étiquette et les règles, nous avons tenté de vous faire partager notre passion pour le golf. Nous espérons que ce livre rendra votre prochaine partie encore plus agréable.

Nous disons parfois d'une personne qu'elle gagne à être connue. Du golf, nous dirions que c'est un sport que vous gagnez à connaître et à pratiquer.

Quand vous enfilez vos souliers à crampons, vous vous préparez à affronter à un adversaire redoutable: vous-même.

Une toute petite ronde de golf met aux prises plusieurs combattants.

L'audace	vs	la sécurité
L'ambition	vs	la patience
La frustration	vs	le contrôle
L'égoïsme	vs	la courtoisie
La volonté	vs	le désir
L'avoir	vs	l'être
Le moi	vs	l'autre

Le terrain défi vos habiletés physiques, le jeu défie vos qualités intellectuelles, le sport éprouve votre caractère, votre moral, vos valeurs.

Mais dans le fond, cela restera toujours une confrontation entre vous et le parcours.

Le golf c'est tout ça et encore plus. C'est le sport de toute une vie.

D'Autres Règles

Pendant la guerre

1941, Club de golf de Richmond upon Thames, Grande-Bretagne.

1) Ramassez les éclats de bombes et d'obus pour éviter d'endommager les tondeuses à gazon.

2) À l'occasion d'une compétition, les joueurs peuvent se mettre à l'abri **sans pénalité** pour avoir cessé le jeu, pendant les bombardements ou les canonnades.

3) La position des bombes à retardement est indiquée par un drapeau rouge. Ils sont placés à distance raisonnablement sécuritaire, mais non garantie, des engins.

4) Dans l'allée et dans les fosses de sable, vous pouvez déplacer **sans pénalité,** les éclats de bombes et d'obus qui se trouvent à moins d'une longueur de club de la balle.

5) Une balle déplacée par l'action ennemie peut être replacée **sans pénalité.** Pour une balle perdue ou détruite en pareille circonstance, vous devez « laisser tomber » **sans pénalité**, une balle, mais pas plus près du trou.

6) Une balle qui repose dans un cratère peut être levée et laissée tomber **sans pénalité**, mais pas plus près du trou et dans la même ligne.

7) Avec une pénalité **d'un coup**, un joueur peut reprendre un coup raté en raison d'une explosion simultanée à l'exécution du coup.

Traduction libre d'un extrait de « www.ruleshistory.com »

Règles farfelues

◗ Si un renard vole votre balle alors qu'elle repose sur le green, vous pouvez la replacer sans pénalité, à la condition d'avoir un témoin oculaire du vol.

◗ En présence d'ours, de moufettes et de hérissons, même si vous n'êtes pas distancé par le groupe précédent, laissez passer « la visite ».

◗ La pénalité pour une balle perdue ? C'est la perte de la balle. Laissez tomber dans l'allée, sans vous rapprocher du trou...

◗ En colère, vous pouvez lancer votre balle aussi souvent que vous le désirez. Avec un coup de pénalité, placez-vous dos au bois et lancez-la au-dessus de l'épaule, mais vers l'arrière...

◗ En face d'un obstacle d'eau, vous avez deux options. Prendre un club de plus ou deux balles de plus.

Les trois règles fondamentales du golf

1) Jouez le terrain dans l'état où il se trouve.

2) Jouez la balle là où elle repose.

3) Pendant vos recherches pour trouver votre balle dans le bois, continuez à taper des mains...

LEXIQUE

ABRÉVIATIONS

D. : décision, suivi de son numéro

Déf. : définition à partir des règles

R. : règle, suivi de son numéro

Allée (fairway) : partie du parcours située entre le départ et le green où le gazon est coupé plus ras. C'est l'endroit où doit atterrir le coup de départ.
Aucune règle ne traite spécifiquement de l'allée.

Allègement (relief) : espace parfois allouée par les règles à un joueur dont la balle est dans une situation difficile. Après l'allègement, avec ou sans pénalité, il pourra la remettre en jeu.
Ce n'est pas nécessairement une solution à tous vos problèmes, vous ne serez pas nécessairement *soulagé* après avoir pris un allègement. Vous pourriez être encore dans l'embarras même si en anglais « relief », signifie soulagement.

Bois #1 (driver) : club à grosse tête utilisé pour effectuer les coups de départ.

Chariot (hand cart) : châssis métallique léger, poussé ou tiré, monté sur roues, servant à transporter le sac.

Club : désigne l'ensemble composé du terrain, du pavillon et de l'administration.

Club (bâton) : crosse de golf.

Coup d'approche roulé (chip) : coup de précision roulé en bordure du green.

Coup d'approche lobé (pitch) : coup de précision lobé en bordure du green.

Coups roulé (putt) : coup frappé sur le green, avec un club appelé fer droit, qui fait rouler la balle sur le tapis gazonné.

Élan (swing) : mouvement exécuté pour frapper la balle. Il est composé de la prise de position initiale, de la montée du club, de sa descente et du prolongement après la frappe de la balle.

Fer droit (putter) : club à face plate, avec très peu d'angle d'ouverture, pour effectuer les coups roulés sur le green.

Fosse (bunker) : creux rempli de sable.

Frise (fringe, avant-green) : lisière adjacente au green qui épouse sa forme. Elle ne fait pas partie du green au sens des règles. Le gazon y est laissé plus long que sur le green, mais plus court que dans l'allée.

Green (vert) : espace de gazon coupé très ras, aménagé autour de chaque trou.

Herbe longue (rough) : terme général désignant toutes les parties du parcours qui ne sont pas : green, tertre, fosses, plans d'eau. À noter: ce terme n'est pas utilisé par les règles qui utilise plutôt le mot **parcours.**

Hors limites (out of bounds) : tout l'espace à l'extérieur des limites du parcours.

Illico (Ready golf) : aussitôt, tout de suite, sans attendre.

Jalons de départ (Tee markers): repères de couleur disposés sur les tertres de départ afin d'identifier l'endroit du coup de départ et le degré de difficulté rattaché à la couleur.

Laisser tomber (drop): laisser tomber la balle à partie de la hauteur de l'épaule lorsque requis par les règles.

Motte (divot): un morceau de terre garni de gazon, arraché par le club du joueur au momenr de la frappe de la balle.
Aussi: **touffe, galette**

Mulligan (Happy ball): prendre un mulligan, c'est se donner la permission de rejouer un coup manqué sans pénalité. Ce n'est pas permis par les règles et c'est un fléau qui contribue à la lenteur du jeu.

Normale (Par): le pointage que devrait obtenir un excellent golfeur sur un trou ou pour une ronde. La normale est déterminée par la longueur du trou seulement et en prenant pour acquis que le golfeur n'effectuera que deux coups roulés.

Normale 3	Dames: jusqu'à 210 v. ou 201 m.		
	Hommes:	250 v. ou 228 m.	
Normale 4	Dames: jusqu'à 400 v. ou 382 m.		
	Hommes:	470 v. ou 434 m.	
Normale 5	Dames: >	400 v. ou 382 m.	
	Hommes: >	470 v. ou 434 m.	

Patrouilleur (sheriff, marshall): personne qui patrouille le terrain afin de veiller au bon déroulement du jeu et de s'assurer de l'application de l'étiquette

Pavillon (club house): bâtiment qui abrite les principales commodités pour les golfeurs.

Picvert : fouchette spécialement conçue pour réparer les marques de balles sur le green.

Position (Stance) : placer ses pieds au moment de sa prise de position.

Position de balle (lie) : là où la balle repose.

Prise de position initiale (address) : se préparer à jouer un coup : c'est-à-dire prendre la position à partir de laquelle le joueur frappe la balle, ce qui inclus le fait d'asseoir le club sur le sol.

Putter : club à face vertical utilisé pour faire rouler la balle jusqu'au trou.

Repère (marker) : une pièce de menue monnaie (ou autre objet semblable) servant à indiquer la position exacte de la balle lorsqu'il est permis de la déplacée.

Tee (mot anglais utilisé et accepté en français) : petite cheville utilisée pour surélever la balle sur un tertre de départ.

Terrain d'exercice (Practice range) : terrain aménagé spécifiquement pour que les golfeurs y exercent leur élan en frappant des balles réservées à cette fin.

Tertre (tee off) : petit monticule de terre au sommet aplati, engazonné et coupé ras. Le joueur y exécute obligatoirement son coup de départ.

Vert (green) : espace de gazon, coupé très ras, entourant le trou de manière à pouvoir y effectuer les coups roulés.

Voiturette (golf cart) : petit véhicule, électrique ou à gaz, qui sert au transport de deux golfeurs et de leur sac.

Illustration d'un trou et de ses différentes parties: tertres, allée, herbe longue, fosse, frise, green (vert).

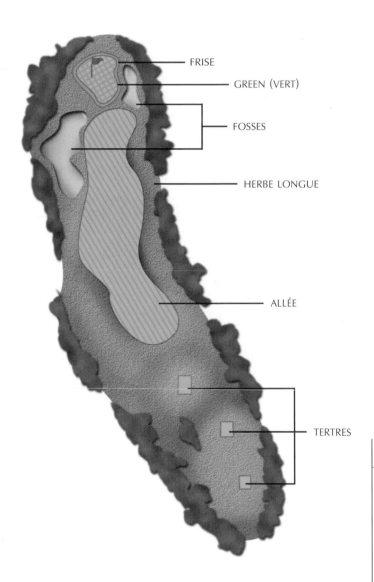

FRISE

GREEN (VERT)

FOSSES

HERBE LONGUE

ALLÉE

TERTRES

Annexes

Naissance des premières règles de golf (1744)

Un petit groupe de golfeurs de Leith, en Écosse, s'auto-proclament « The Gentleman Golfers of Edinburgh » et décident d'organiser un tournoi. Désireux de remettre un prix au gagnant, ils sollicitent la ville d'Edindburgh qui accepte. Les conseillers municipaux offrent un magnifique club en argent, à la condition que le tournoi soit ouvert à tous. Il était donc nécessaire de rédiger des règles écrites. Nous vous produisons le texte original anglais, suivi de notre adaptation française libre.

Articles and Laws in Playing at Golf

I   You must Tee your Ball within a Club length of the Hole.

II   Your Tee must be upon the Ground.

III You are not to Change the Ball which you Strike off the Tee.

IV   You are not to remove Stones, Bones or any Break Club, for the sake of playing your Ball, Except upon the fair green within a Clubs length of your Ball.

V   If your Ball comes among watter, or wattery filth, you are at liberty to take your Ball & bringing it behind the hazard and teeing it, you may play it with any Club and allow your Adversary a stroke for so getting out your Ball.

VI   If your Balls be found any where touching one another, You are to lift the first Ball till you play the last.

VII At holing, you are to play your Ball honestly for the Hole, and not to play upon your Adversary's Ball, not lying in your way to the Hole.

VIII If you should lose your Ball, by its being taken up, or any other way, you are to go back to the Spot, where you struck last, & drop another ball. And allow your Adversary a stroke for the Misfortune.

IX No man, at holeing his Ball, is to be allowed to mark his way to the Hole with his Club, or any thing else.

X If a Ball be stopp'd by any Person, Horse, Dog or any thing else, The ball so stop'd must be play'd where it lyes.

XI If you draw your Club, in order to Strike, & proceed so far in the stroke as to be bringing down your Club; If then, your Club shall break, in any way, it is to be accounted a stroke.

XII He whose Ball lyes farthest from the Hole is obliged to play first.

XII Neither Trench, Ditch or Dyke, made for the preservation of the Links, nor the Scholars holes, or the Soldiers lines, shall be accounted a Hazard; But the Ball is to be taken out and play'd with any Iron Club.

John Rattray, Capt

Articles et règlements
pour
jouer au golf

I Au départ, la balle doit être frappée à moins d'une longueur de club du trou précédent .

II Elle doit être déposée sur un tee au-dessus du sol.

III Vous ne pouvez changer de balle après l'avoir frappée du té.

IV Pour exécuter votre coup, vous ne pouvez déplacer ni roches, ni os, ni autres objets gênants, à moins d'une longueur de club de votre balle.

V Si votre balle repose dans l'eau ou dans la boue, vous pouvez l'en retirer, l'amener derrière l'obstacle, la placer sur un tee et la jouer en ajoutant un coup de pénalité.

VI Si deux balles reposent l'une contre l'autre, la plus rapprochée du trou peut être levée jusqu'à ce que la plus éloignée ait été jouée.

VII Vous devez viser le trou honnêtement et non chercher à atteindre la balle d'un adversaire qui ne serait pas dans votre trajectoire.

VIII Si vous perdez une balle, qu'elle ait été ramassée ou pas, vous devez retourner à l'endroit d'où vous l'aviez frappée et laissez tomber une autre balle, en ajoutant un coup de pénalité pour votre malchance.

IX Personne ne peut délimiter sa trajectoire avec un club ou autre objet avant de viser le trou.

X Si une balle frappe une personne, un cheval, un chien ou autre chose, elle doit être jouée là où elle se trouve .

XI Si votre club se brise pendant la descente, cela compte pour un coup .

XII Celui dont la balle est la plus éloignée du trou doit jouer le premier

XIII Les rigoles, chenaux et fossés, aménagés pour l'entretien du terrain, tout comme les trous d'écoliers et les tranchées des soldats ne sont considérés comme des obstacles ; vous pouvez sortir votre balle et la frapper avec un fer.

QUELQUES DATES IMPORTANTES

1754	Légères modifications des premières règles à l'occasion du premier tournoi au Club St-Andrews.
1856	Fondation à Pau, en France, du premier golf au monde à l'extérieur du Royaune-Uni.
1873	Naissance du Club de Golf Royal Montréal, Québec, Canada.
1885	Nomination du « Royal & Ancient Golf Club of St-Andrews » (R & A) comme autorité chargée de gouverner le sport.
1888	Envoie par le R & A du premier manuel des règles à tous les clubs.
1894	Fondation de la «United States Golf Association» (USGA).
1895	Fondation de l'Association de Golf du Canada, au (Royal) Ottawa Golf Club.
1912	Création de l'Union des golfs de France.
1920	Fondation de l'Association de golf du Québec, Canada.
1932	La Fédération Française de Golf voit le jour.
1951	Le R & A et la USGA décident enfin de travailler ensemble à la révision et à l'application de règles uniformes à travers le monde.
1984	Après certaines divergences entre les deux organismes, le tout se concrétise.
	Depuis, les règlements sont revus et corrigés tous les quatre ans.

Les **10** commandements

En 1982, la revue Golf Magazine et la United States Golf Association, publient les 10 règles qu'un golfeur est susceptible de rencontrer le plus souvent. En maîtrisant bien ces points, le joueur devrait être en mesure de se débrouiller dans la plupart des circonstances.

Voici l'adaptation libre que nous en avons fait.

I La balle doit être jouée là où elle repose. (R. 13-1)

II Ne bougez, pliez ou cassez rien de ce qui pousse dans le sol ou qui est fixe et n'écrasez rien, sauf pour prendre votre position correctement ou pendant votre élan. (R. 13-2)

III Vous pouvez enlever les objets naturels qui ne sont pas fixes ou qui ne poussent pas dans le sol ou les arbres, sauf si votre balle repose dans une fosse de sable ou dans un obstacle d'eau. (R. 23)

IV Vous pouvez déplacer* un objet artificiel amovible, même dans une fosse de sable ou dans un obstacle d'eau. S'il est inamovible, vous pouvez déplacer* votre balle lorsque votre élan ou votre position initiale sont gênés. (R. 24-1,2)

V   Une balle qui s'immobilise dans un obstacle d'eau vous vaudra une pénalité d'un coup*. (R. 26)

VI   Une balle perdue (hors d'un obstacle d'eau) ou hors limite vous méritera une pénalité d'un coup et vous devrez retourner frapper à partir de l'endroit où la balle avait été jouée initialement. (R. 27)

VII   Dans une fosse de sable ou dans un obstacle d'eau, ne touchez pas le sol ou l'eau avec votre club ou vos mains avant d'avoir frappé la balle. (D.13-4)

VIII   Si votre balle vous semble impossible à jouer en raison de l'endroit où elle repose, vous pouvez la déplacer en ajoutant un coup de pénalité. (R. 28)

IX   Vous pouvez enlever votre balle des trous d'animaux, d'endroits dangereux (serpent, abeilles) ou fragiles (nid d'oiseaux) de l'eau fortuite, de terrains en réparation. (R. 12-1 et al.)

X   Sur le green, vous pouvez réparer les marques de balles, mais non les marques de crampons. Faites-le en quittant le green. (R. 16.1)

* Conformément aux règles applicables

BIBLIOGRAPHIE

Bocquet, Alain R. *Le golf des origines à nos jours*. Hervas, 1988.

Campbell, Malcolm. *The pocket guide to Golf Etiquette*. Dorling Kindersley, 1997, 127 p.

Lafaurie, André-Jean. *Le golf, son histoire de 1304 à nos jours*. Jacques Grancher, 1988.

Penick, Harvey. *Le petit Livre Rouge de Harvey Penick*. Albin Michel, 1995, 202 p.

Rutter, Hadyn. *The illustrated Golf Rules dictionary*. Triumph Books, 2000, 384 p.

Stadler, Craig. *Craig Stadler's Golf Pocket Guide*. Triumph Books, 2000, 144 p.

Steinbreder, John. *Golf Rules & Etiquette for dummies*. Hungrie Minds, 2001, 166p.

Temmerman, Jacques. *Golf & Kolf, Sept siècles d'histoire*. Labor/Martial & Snoeck, 1993.

Ton-That, Yves Cédric. *Règles de Golf & Étiquette : claires et nettes!* Art, Design & Golf, 1998 131 p.

Decisions on the Rules of Golf, USGA et R&A. 1999, 600 p.

Golf Rules illustrated. Callaway, 2000, 127 p.

Les règles du Golf et les Règles du statut d'amateur. 1999, 165 p.

Nouvelles Règles de Golf illustrées. Flammarion, 1999, 120 p.

Règles Express. Luxart Communication, 1996.

Terminologie du golf, lexique. Office de la langue Française du Québec

NOTES

NOTES

NOTES

NOTES

NOTES